LES TÉLÉCOMMUNICATIONS

Du téléphone à l'image

PIERRE AVEROUS

Préface
de Michel CHEVALET

NATHAN

Remerciements

Un grand merci à Emmanuelle et Stéphane
qui ont bien voulu nous apporter leur concours
pour les prises de vue et dialoguer avec l'auteur.

Cet ouvrage n'aurait pu voir le jour sans la collaboration
de la Délégation à la Communication de France Télécom et sa
photothèque.
Qu'ils en soient ici remerciés.

DANS LA MÊME COLLECTION :

L'ÉNERGIE NUCLÉAIRE
André LETH

© Éditions Nathan Communication 1991 ISBN 209 288354-2

Préface

Essayez d'imaginer un monde sans téléphone, c'est-à-dire un monde sans le réseau de fils qui relie l'appareil qui est chez vous aux centraux téléphoniques, sans la formidable machinerie qui tisse une véritable toile d'araignée sur toute notre planète et qui va du combiné au satellite... Pas de téléphone, c'est aussi pas de radio, pas de télévision. Vous seriez très malheureux, j'oserais dire ... paralysé.

Dites-vous que vos arrière-grands-parents ont connu cela. Autrement dit, la mère de votre grand-mère a vécu ainsi, il y a près de 100 ans.

Ce qui est étonnant dans l'histoire des télécommunications, c'est que finalement, c'est l'histoire du siècle. Sans les télécommunications, par courants électriques ou par ondes radio, notre société n'aurait jamais connu un tel essor. Nous communiquerions aujourd'hui comme en 1900, avec pour seul moyen rapide... la lettre.

Enfin, pour bien comprendre la portée de cette révolution technologique, il est bon de savoir qu'en 1900, personne ne croyait en l'avenir du téléphone. On ne voyait aucun intérêt dans le fait de pouvoir communiquer, instantanément, à l'autre bout de la planète avec un autre être humain; on ne pressentait pas la formidable révolution que cela allait engendrer dans le siècle à venir. Le téléphone ne devait servir qu'à retransmettre les manifestations de l'Opéra de Paris!

Alors, vous qui allez vivre avec un petit téléphone dans votre poche, pas plus gros qu'une calculette, regardez d'un œil nouveau cette formidable invention, car elle vous réservera bien des surprises.

Michel CHEVALET

SOMMAIRE

« Tu sais ce que c'est, toi, la télécommunication?

– C'est quand des personnes communiquent entre elles, par téléphone, par Minitel ou par ordinateur...
Mais je ne sais pas trop comment ça marche. Il paraît que, maintenant, c'est parfois une lumière qui parcourt des fils...

– Et les satellites de télécommunications?

– Je crois que c'est une histoire d'ondes... Mais pour traverser la mer, il paraît qu'il y a aussi des câbles, dans l'eau!
Mais j'ai du mal à le croire et je ne sais pas si c'est vrai...

– Et moi, je me demande comment on transporte les images et les sons, à la télévision; et comment toutes les chaînes ne se mélangent pas! »

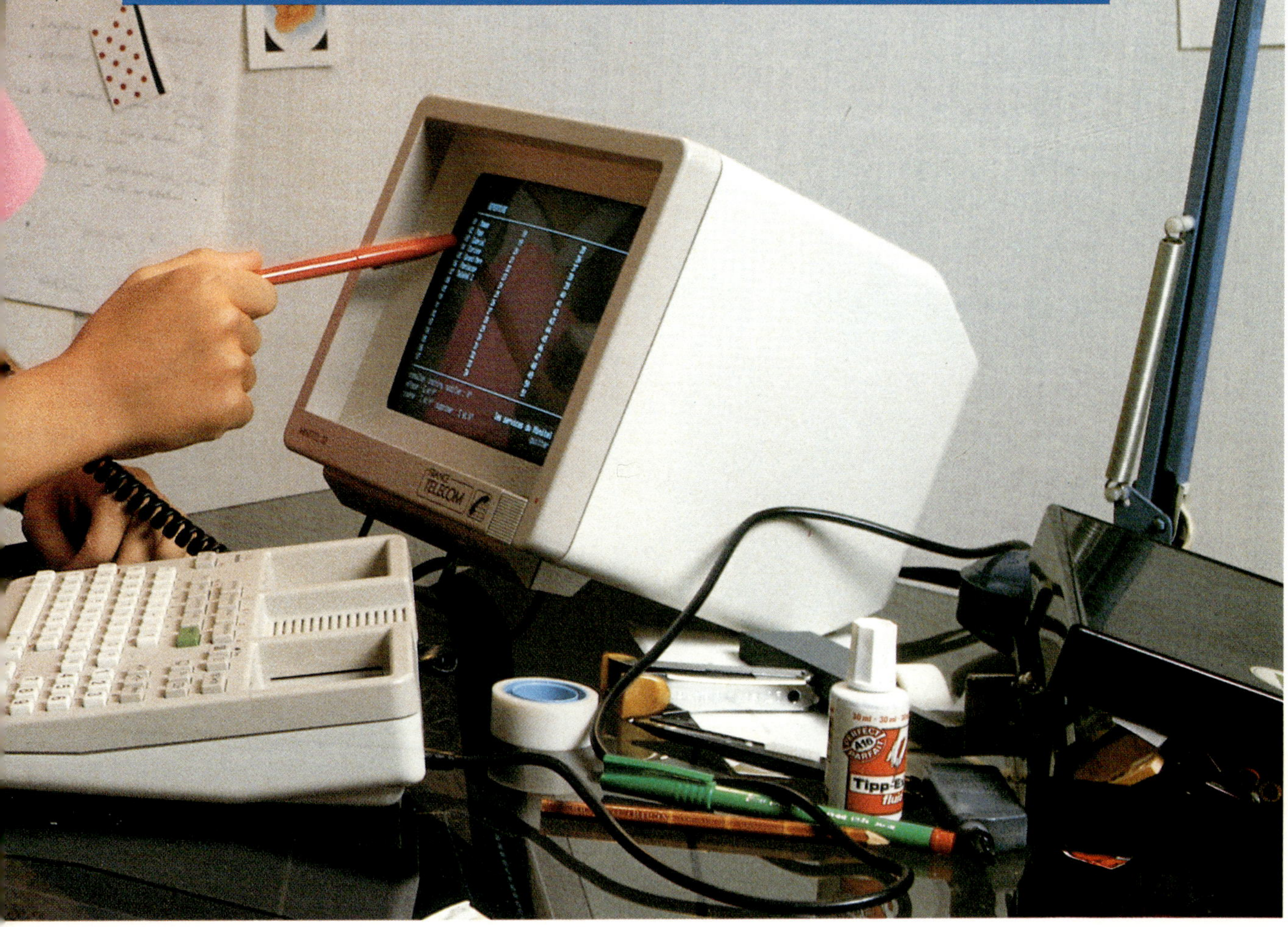

« Allô?... »

Il neige sur les Alpes. Tout autour, sur le vaste site des XVIes Jeux Olympiques d'hiver d'Albertville et de la Savoie, les pistes sont immaculées : la montagne s'est parée pour servir d'écrin à la fantastique compétition mondiale. Ce spectacle, 2 milliards de téléspectateurs de tous les pays veulent le vivre en direct; slalom, saut, patinage, hockey, bobsleigh, ski acrobatique, ils veulent tout voir, être sur toutes les pistes, tous les jours...

Aujourd'hui, d'importants moyens de télécommunication ultramodernes mettent les lieux les plus isolés du monde aux portes de chez nous. Ici, cette antenne posée au cœur du Sahara va transmettre les images du Rallye Paris-Dakar.

L'image d'un champion

L'homme retient son souffle avant de s'élancer sur le tremplin de saut... Dans trois secondes... Dans deux secondes... Dans une seconde... A quelques mètres de lui, un cameraman filme la scène, l'objectif rivé sur le visage tendu... Pendant ce temps, tout là-haut, à 36 000 kilomètres d'altitude, des satellites tournent, prêts à diffuser cette épreuve sur tous les continents. Sur le sol, des kilomètres de câbles en fibres de verre suivent les vallées et de crête en crête, des dizaines de pylônes-relais se dressent dans le ciel pour transmettre fidèlement images et commentaires. En ville, tout le monde s'affaire. Dans le hall d'un hôtel, une cliente cherche ses horaires de train sur un Minitel. En salle de presse, un journaliste étranger tape son article sur un clavier; dans quelques minutes à peine, ses collaborateurs restés au bureau, à Montréal ou à Stockholm, le verront s'inscrire sur leur télécopieur, comme par magie; là-bas, le reportage paraîtra ce soir. Au même moment, dans le village olympique, l'athlète médaillé téléphonera chez lui, de l'autre côté de la Terre, pour dire sa joie à sa famille...

Partout, tout le temps

Suivre les Jeux Olympiques, le Rallye Paris-Dakar ou le Mondiale de football, assister en direct à l'ouverture du mur de Berlin ou simplement souhaiter par téléphone un bon anniversaire à votre meilleur copain, tout cela n'est possible que grâce aux extraordinaires techniques des télécommunications. Des milliers de kilomètres de câbles « quadrillent » la France, franchissent les océans. Avec les satellites, ils relient les continents, orchestrés par de puissants ordinateurs qui aiguillent, démêlent des milliards et des milliards d'informations : conversations, dessins, images traduites en un étrange langage électrique ou lumineux, seconde après seconde, nuit et jour...

Grâce à ces antennes-relais, construites parfois avec l'aide d'un hélicoptère, vos conversations téléphoniques ainsi que les émissions de télévision peuvent franchir les montagnes, traverser les pays. Le temps de leur voyage, elles sont codées et transportées par des ondes invisibles, dites radio, ou encore électromagnétiques. Un voyage dont les pages de ce livre vous livrent tous les secrets...

Une longue et passionnante histoire

Pourtant, au début des années 70, téléphoner n'était pas si simple... Demandez à vos parents ! Aujourd'hui, lorsque vous décrochez et que vous dites « ... allô ?... », machinalement, votre voix parfaitement codée part dans les fils, les câbles, vers les antennes, reproduisant chaque fois une histoire passionnante. Celle qu'ont peu à peu imaginé des hommes, des femmes qui, au long des siècles, ont voulu de mieux en mieux communiquer, tout autour de leur planète...

Autrefois, comment communiquaient les hommes?

Les Indiens ne se doutaient pas que Lucky Luke saurait traduire leurs signaux de fumée... Du moins, c'est ce qu'ont imaginé Morris et Gosciny dans leur album *Des rails sur la prairie.*

Tout a commencé il y a très longtemps; en un temps où, sur la Terre, vivaient les premiers hommes... Car, en réalité, l'homme déploie tous ses efforts pour communiquer avec ses semblables depuis qu'il existe. Bien sûr, pour s'exprimer, il possède la parole; et dans une conversation animée, où l'interlocuteur est très proche, des mimiques complètent parfois le message des mots. Mais comment faire si l'on veut dire quelque chose à quelqu'un qui se trouve, par exemple, sur la colline d'en face, ou au-delà d'une immense plaine?

Voir ou entendre

Pour communiquer de loin, on peut faire de grands gestes, ou allumer des feux, comme les phares qui signalent l'entrée des ports et les écueils aux marins, la nuit. Les Indiens d'Amérique, eux, ont établi un code de signaux de fumée. Lorsqu'il n'est plus possible de se voir, les sons permettent alors de transmettre quelques informations. On raconte qu'en 52 avant Jésus-Christ, les Gaulois tuèrent des commerçants romains à Orléans : le soir même, les habitants de l'Auvergne connaissaient la nouvelle grâce à un code de cris, lancés de proche en proche; en Afrique, le tam-tam annonce un décès, une fête, comme les cloches des églises, chez nous.

SAMUEL MORSE

L'inventeur du télégraphe électrique et de son alphabet est un artiste peintre, physicien : Samuel Morse. En 1844, une citation de la Bible est transmise instantanément de Washington à Baltimore, aux États-Unis, par des fils électriques; chaque lettre est une suite d'impulsions de courant brèves (points) ou longues (traits).

M _ _
O _ _ _
R . _ .
S . . .
E .

A la fin du 18ᵉ siècle, des bras articulés transmettaient des messages codés de tour en tour à travers la France. C'était le télégraphe aérien, ou optique, de Claude Chappe. A l'arrivée, leur code secret était décrypté.

Le voyage des mots

Pour transporter un long message, rien cependant ne vaut les mots. Alors, on confie des lettres à des messagers, comme dans l'histoire du soldat de Marathon, ou à des pigeons voyageurs. Mais faire voyager instantanément son message par-delà les montagnes et recevoir une réponse immédiate : voilà qui serait de la vraie communication à distance, de la télécommunication! Ce vieux rêve fut réalisé en France, au cœur de la Révolution, par un certain citoyen Chappe; Claude Chappe se propose en effet « d'écrire en l'air en y déployant des caractères très peu nombreux, (...) à grande distance ».

Après avoir abandonné un système sonore (il utilisait des casseroles!), il invente le télégraphe aérien. En 1791, Chappe et ses frères imaginent un « émetteur » constitué de bras de bois articulés, mus par une manivelle; leur position forme des figures qui constituent un code, dont le décryptage n'est pas toujours facile! Qu'importe. En 1793, le Comité de salut public décide de relier par télégraphe aérien Paris à quelques postes militaires, comme Lille et Brest. Et de tour en clocher, la communication s'établit.

Qui a inventé le téléphone?

1892 : l'Américain Graham Bell, inventeur du téléphone, inaugure la ligne qui relie Chicago et New York.

L'idée, le principe reviennent à un agent des Télégraphes de Paris, Charles Bourseul (1854); le nom – téléphone, c'est-à-dire les sons à distance – a été donné par un professeur de physique allemand, Philip Reiss, à un appareil de sa conception, capable de transmettre électriquement de la musique (1860); la réalisation elle-même est due à deux Américains concurrents, Graham Bell et Elisha Gray (1876). Voyons leur histoire.

Un électricien de Chicago : Elisha Gray

A partir de 1844, le télégraphe de Morse se développe rapidement aux États-Unis, car, lorsqu'éclate la guerre de Sécession, cette transmission rapide et fidèle rend de fiers services. Vers 1875, 400 000 kilomètres de fils sont installés le long des routes et des voies ferrées. Pourtant, ce système a un handicap sérieux : il ne peut transmettre qu'un seul message à la fois, et dans un seul sens. Alors, Gray cherche comment réaliser un multiplexage, c'est-à-dire faire passer plusieurs messages simultanément. Et il va trouver... le téléphone!

Un jour, son neveu joue dans la salle de bain avec un petit montage électrique alimenté par une pile : en tenant un fil d'une main et frottant l'autre sur la baignoire en zinc, l'enfant fait vibrer et bourdonner en rythme une languette de métal à l'autre extrémité du circuit. Le courant peut donc se « transformer » en son audible! Pour Gray, ce jouet, amélioré, deviendra « son » téléphone. (Mais vous, ne touchez jamais un appareil électrique branché ou un téléphone dans une salle de bain : vous pourriez vous électrocuter!)

Voici le dessin tracé par la main même d'Elisha Gray, co-inventeur du téléphone, pour expliquer le fonctionnement de son appareil. Il est daté du 11 février 1876; Bell ne déposera sa demande de brevet que trois jours plus tard... mais deux heures avant Gray!

Cette surprenante publicité des potages Liebig, au début du siècle, montre un poste de téléphone comparable à celui inventé par Bell et Gray; l'appareil en médaillon est plus récent.

Un orthophoniste de Boston : Graham Bell

Professeur à l'Institut des Sourds-Muets, Bell veut faire entendre les malentendants. Il s'intéresse aux écrits de von Helmholtz sur l'acoustique et les sons, tout en cherchant, lui aussi, un système de multiplexage télégraphique. Et il construit un « transmetteur » (une sorte de micro) relié à un récepteur (une sorte d'écouteur). C'est un téléphone! Dans le premier appareil, une membrane vibre au son de la voix et entraîne une pièce métallique qui trempe plus ou moins dans un liquide traversé par de l'électricité : cette perturbation, fidèle à la voix, module le courant électrique qui parcourt le liquide; ce courant ainsi modulé alimente le second appareil capable, à l'inverse, de faire vibrer une autre membrane : il suffit d'approcher l'oreille pour entendre la voix reproduite!

Le 14 février 1876 à 14 heures, Bell se présente au bureau des brevets, à New York, et dépose une demande pour son invention. A 16 heures, Gray arrive au même bureau et procède à la même démarche. Le premier arrivé possédera le brevet n° 174 465. Et Gray, croyant que cet appareil n'est qu'un jeu, ne demande pas correction, bien que son schéma soit plus ancien que celui de Bell. L'histoire, ingrate, l'oubliera.

LE TÉLÉPHONE A FICELLE

Ce jouet fait la joie des enfants depuis au moins trois siècles! Au fond de deux cornets (pot de yaourt, boîte de cirage) reliés par une ficelle, un papier-soie vibre, « excité » par la corde bien tendue; une personne parle dans un cornet, une autre écoute par l'autre. Essayez : ça marche jusqu'à plusieurs dizaines de mètres!

Pourquoi le téléphone n'est-il plus un simple cornet?

TOUS LES ABONNÉS DU MONDE

De 2 millions de téléphones installés dans le monde en 1900, on a franchi les 500 millions en 1982, et l'on se dirige vers le milliard.

En 1877, les premiers postes téléphoniques commercialisés par Bell ne sont que des « cornets » polyvalents, servant alternativement de micro et d'écouteur : il est impossible de parler et d'entendre son correspondant en même temps; ce n'est pas très commode... Mais la même année, un autre inventeur à qui l'on doit également le phonographe (l'ancêtre de l'électrophone et de la platine) et la lampe électrique à filament, Thomas Edison, conçoit un microphone encore utilisé aujourd'hui. La membrane, qui vibre au son de la voix, tasse plus ou moins des granulés de charbon contenus dans une capsule; cette variation de pression module le courant électrique qui traverse la capsule, en « moulant » exactement la voix.

En 1950, les postes de téléphone « automatiques » à cadran tournant, identiques à celui-ci, étaient encore rares en France.

Aujourd'hui, les postes de téléphone modernes sont électroniques.

Le combiné et l'automatique

Très vite, la toute jeune Bell Telephone Company met au point le poste à deux éléments : tout en parlant dans un micro fixé au mur, on applique un écouteur sur l'oreille. Puis ce sont les téléphones-chandelier : le pied du micro, que l'on pose sur une table, sert à accrocher l'écouteur. Vers 1900, le combiné apparaît : écouteur et micro sont fixés aux extrémités d'une même poignée. La sonnerie murale, qui avertit d'un appel, est ensuite montée sur le support du combiné. Pourtant, pour entrer en communication avec un autre abonné, il faut encore appeler l'opératrice, au central téléphonique, à l'aide d'une manivelle. L'invention du « téléphone automatique » supprime cette étape, surtout après 1950. Désormais, le poste sert lui-même à rechercher le correspondant : il suffit de composer le numéro qui lui est attribué sur un cadran tournant. Quelque 150 pièces électriques ou mécaniques composent actuellement ces postes automatiques; mais ils sont de plus en plus remplacés par des postes à touches, entièrement électroniques. Car l'électronique miniaturisée a permis de réduire le nombre d'éléments à une dizaine; ainsi allégés, les postes modernes sont moins encombrants et peuvent prendre toutes les formes, toutes les couleurs.

L'EMPEREUR ET LE TÉLÉPHONE

Il a fallu que Pierre II, empereur du Brésil, insiste pour convaincre les organisateurs de la troisième Exposition universelle, en 1878 au Champ-de-Mars, de l'intérêt du téléphone... En France, en 1990, les 28 millions d'abonnés font oublier les rares privilégiés de 1879; 95 % des ménages possèdent le téléphone.

Le grand peintre et dessinateur d'affiches Toulouse-Lautrec voyait ainsi les avantages de la télécommunication, à la fin du 19e siècle.

Un téléphone, en 1910.

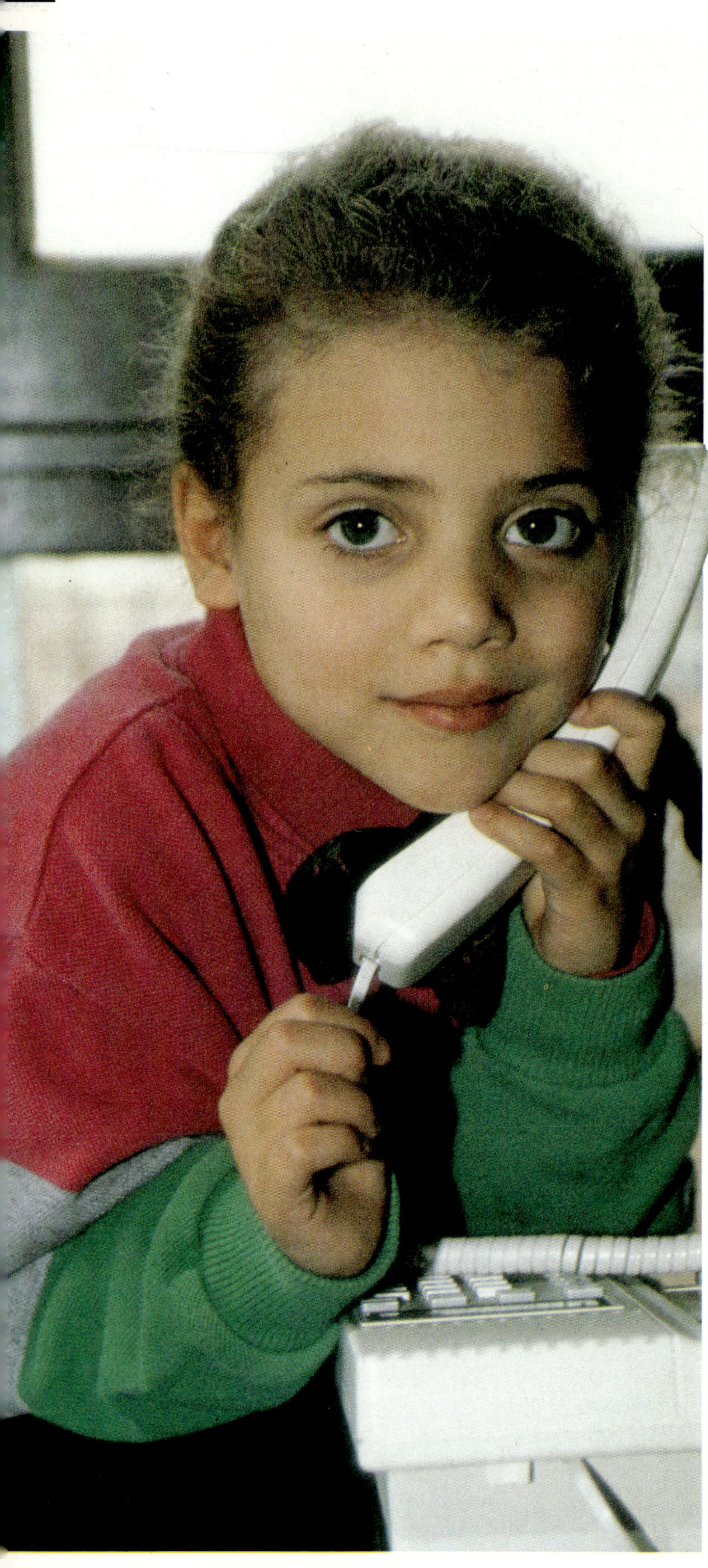

Comment tous les appels ne se mélangent-ils pas?

« Allô? »... Transformé en une sorte de chapelet électrique, cet appel circule dans les fils téléphoniques à la vitesse du courant, soit près de 300 000 km/s. Traverser la France ne demande pas plus de 5 millièmes de seconde! Ce n'est donc pas du tout le son de votre voix qui se propage (comme dans le cas du téléphone à ficelle), mais un code électrique qui le remplace momentanément et fidèlement. Or des centaines de milliers de personnes téléphonent en même temps, de tous les coins du pays. Comment éviter la cacophonie?

Un coup de fil, c'est si simple à donner. Et pourtant!... Que d'imagination, que de patience et d'essais il a fallu pour que des centaines de milliers de conversations circulent en même temps dans les fils sans se mélanger!

L'INFORMATIQUE ET LE TÉLÉPHONE

En 1949, l'Américain von Neumann construit le premier ordinateur à transistors; c'est le début de l'informatique : la transmission d'informations automatique. Son langage secret est le code numérique, appelé aussi binaire (à deux éléments, 0 et 1).
Dans les années 60, profitant de la jeune informatique, l'ère numérique commence pour le téléphone.

Le code analogique : un long toboggan

Le courant électrique qui sort du micro d'un téléphone est un « moulage » parfait de votre voix. Ce code, produit de façon continue, est dit analogique, puisqu'il est rigoureusement analogue au son, à l'information initiale, bien que de nature différente. Si l'on dessine les variations de « hauteur » de ce courant, cela ressemble à un interminable toboggan en « montagnes russes ». Ce système fonctionne très bien, mais est très envahissant : chaque conversation occupe toute une ligne téléphonique. On peut toutefois simplifier le message, supprimer quelques détails; ce filtrage déformera un peu votre voix, mais elle restera tout de même reconnaissable. On peut aussi « empiler » plusieurs communications avant de les envoyer dans les câbles téléphoniques : c'est le multiplexage dans l'espace (dit en fréquences). Mais il y a mieux à faire.

Le code numérique : un simple escalier

Chaque crête de courant – ou chaque creux – qui moule votre voix peut être remplacée par seulement quelques « marches » régulièrement espacées : le toboggan électrique, ainsi simplifié, se change alors en escalier. Puis la hauteur des marches est mesurée, ce qui permet de remplacer chacune par un nombre. « Nous voilà bien avancé! » pensez-vous. Eh bien oui, car depuis l'apparition de l'informatique, on sait traduire un chiffre en une série de deux signaux élémentaires, ou bits : le 0 et le 1. Par exemple, une « hauteur de marche » égale à 3 se traduira par 00000011 (en informatique, chaque « caractère » est généralement représenté par une série de 8 bits). C'est le codage numérique, car le code n'est plus un moulage analogue, mais une suite de nombres. Et les avantages sont multiples. Premièrement, le message est quasi indéformable : il ne circule rien d'autre qu'un chapelet de 0 (aucun courant dans le fil) et de 1 (une courte impulsion). Finis les parasites, car on les élimine facilement. Deuxièmement, les espaces de temps disponibles entre les impulsions de votre conversation sont remplis par d'autres conversations codées de la même manière : c'est le multiplexage dans le temps (ou temporel). Le gain de place est énorme! Troisièmement, la gourmandise en électricité du code numérique est moindre que pour l'analogique : c'est donc une économie d'énergie en perspective.

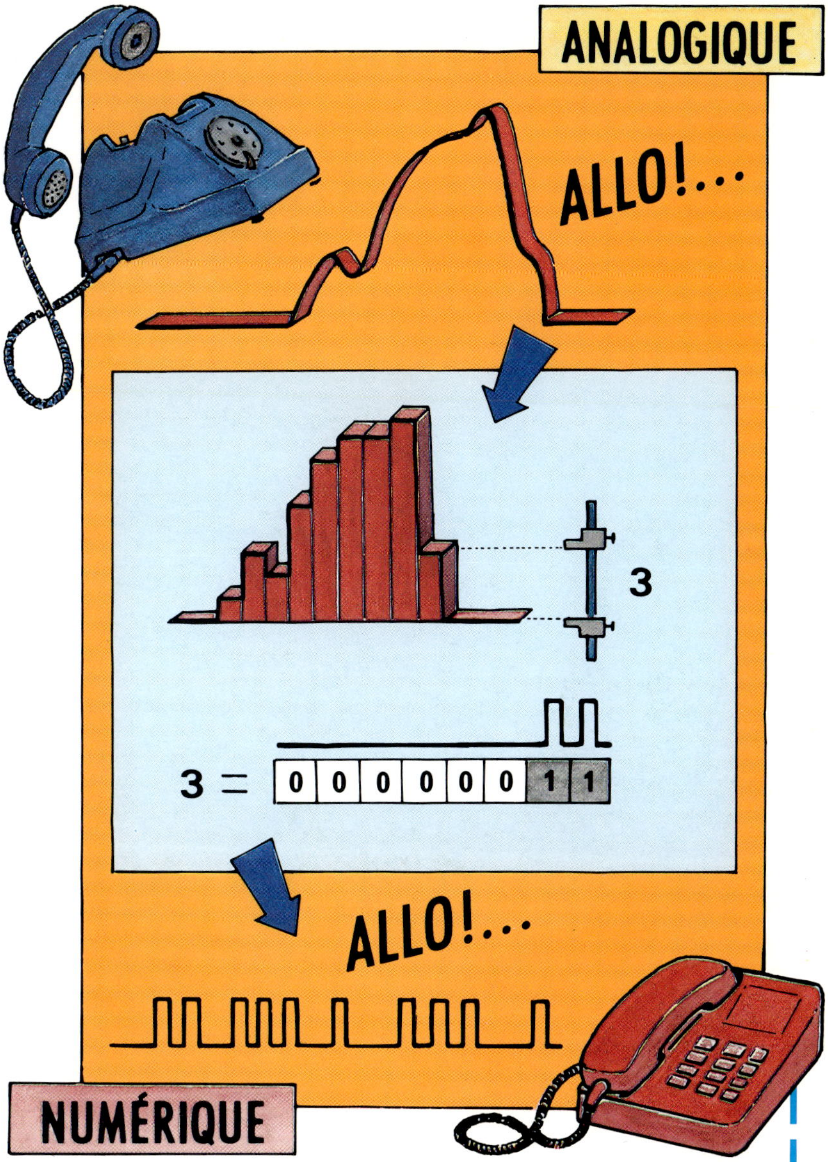

Les sons de votre conversation sont transformés en langage électrique codé pour circuler dans les fils. Dans le langage analogique, la variation du courant est continue; le code ressemble à une montagne russe. En numérique, ce sont des impulsions discontinues, comme une suite de créneaux. Le cadre central montre comment passer de l'un à l'autre.

Que se passe-t-il dans les fils du téléphone?

A TRAVERS LA FRANCE
37 000 kilomètres de câbles interurbains sillonnent toute la France; un seul câble est un faisceau de 4 à 48 paires coaxiales. La liaison Paris-Dijon-Lyon ne comporte pas moins de 230 répéteurs.

Voici votre « Allô » codé. A l'intérieur même du combiné, une faible réplique de votre voix rejoint immédiatement l'écouteur pour vous aider à entendre ce que vous dites et « couvrir » de la sorte les bruits de la pièce. Sinon, vous crieriez dans le téléphone! En même temps, les impulsions de votre conversation partent dans un fil de cuivre; un autre le double pour apporter la « voix » de retour de votre correspondant. Cette paire de fils, qui sort de chez vous sous une gaine plastique, constitue « votre » ligne de téléphone. Mais ensuite?

A travers toute la France, une cascade de commutateurs rassemblés dans des centres spéciaux aiguille les appels.
C.L. : Centre Local.
C.T. : Centre de Transit.
C.A.A. : Centre à Autonomie d'Acheminement.

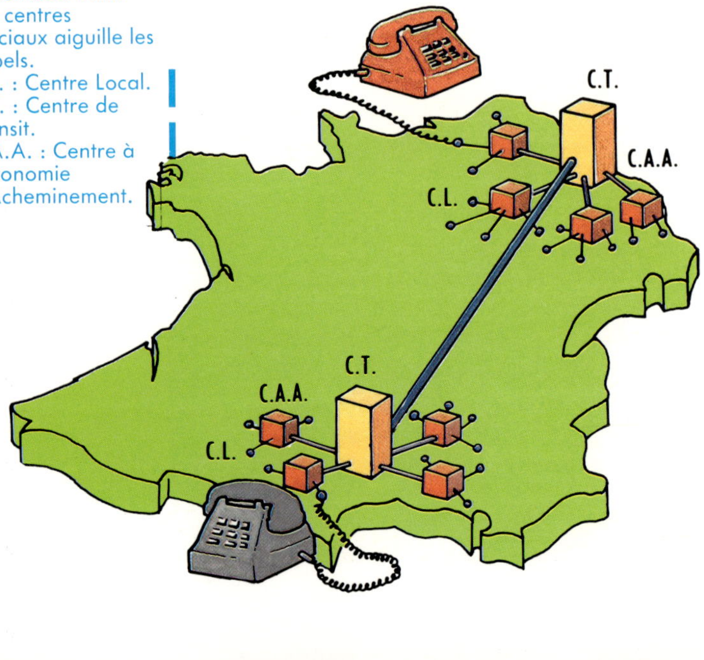

Les câbles téléphoniques

Pour que toutes les conversations téléphoniques circulent entre les villes, il n'est pas question de dérouler une paire de fils par poste : ce serait aussi ruineux qu'embrouillé! On rassemble tout d'abord les lignes voisines dans un bâtiment spécial, un central téléphonique, où les conversations codées sont regroupées, multiplexées et « relancées » dans de gros câbles de la taille d'un bras, vers un central interrégional plus important (centre de transit). Sous la gaine de protection, plusieurs autres petits câbles sont maintenus, comme une botte d'asperges; chacun est une paire coaxiale. Dans ces paires de fils électriques, les conducteurs ne sont plus côte à côte, comme chez vous, mais l'un est totalement enveloppé par l'autre, comme une mine dans un critérium. Grâce aux lois de propagation du courant électrique (une théorie très compliquée!), un seul câble coaxial peut transporter simultanément un grand nombre de communications; cela dépend de son diamètre : près de 3 000 voies pour 5 mm, 10 800 pour 13,5 mm. Cependant, il faut utiliser deux voies, sur deux paires coaxiales voisines, pour transporter une seule conversation. Voici pourquoi.

Revigorer le signal

En circulant, le signal électrique se fatigue : il s'affaiblit, se déforme. Tous les 2 kilomètres environ, un amplificateur, ou répéteur-régénérateur, doit le « décabosser » et lui redonner du « tonus » (il multiplie par 10 000 la puissance électrique reçue). Mais ces appareils ne fonctionnent que dans un seul sens. Il faut donc deux paires coaxiales pour véhiculer une conversation téléphonique : une pour l' « aller », à partir du micro de votre combiné, l'autre pour le « retour », vers votre écouteur.

Pour ceux qui installent, surveillent et réparent les lignes téléphoniques, il faut avant tout éviter que les fils ne s'embrouillent !

PAS DE COUPURES

Le téléphone fonctionne à l'électricité. En cas de coupure de courant, chaque central dispose d'énormes batteries de secours et de générateurs à fioul pour que le téléphone continue de fonctionner.

Une fibre optique, qu'est-ce que c'est?

Au fil des ans, les câbles coaxiaux vont disparaître au profit d'un concurrent vraiment trop fort pour eux : le câble à fibre optique. Progressivement, ce nouveau venu à peine âgé de quelques années remplace les liaisons en cuivre entre Paris et les grandes villes de France. Qu'a-t-il donc de si extraordinaire pour mériter autant d'égards?

Comparée à une fibre optique, même une fourmi semble géante!

ANATOMIE D'UNE FIBRE OPTIQUE

A l'intérieur d'une fibre optique, un axe central ultratransparent est entouré d'une « écorce » conduisant moins bien la lumière; une gaine absorbante enveloppe le tout.

Des cheveux de verre

Une fibre optique, c'est un fil en verre très pur, de la silice, aussi fin qu'un cheveu. Un rayon lumineux qui entre à une extrémité circule de bout en bout sans pouvoir s'échapper, sur des kilomètres, en se réfléchissant sur les parois qui le guident vers la seule sortie possible : l'autre extrémité, là-bas, à l'autre bout. Et la lumière prend les tournants, suit toutes les courbures de la fibre. Or les lasers sont des appareils précisément capables d'émettre des pinceaux lumineux très fins dont l'intensité peut être réglée, modulée, comme celle d'un courant. Cette prouesse permet d'utiliser les fibres optiques pour transporter votre conversation téléphonique, codée en chapelet lumineux, comme elle l'était jusqu'alors en chapelet électrique.

Les performances d'un câble optique composé de plusieurs dizaines de fibres (à droite) sont bien supérieures à celles d'un câble à brins métalliques coaxiaux de la taille de votre bras (à gauche). Plus de 30 000 communications téléphoniques peuvent y circuler en même temps...

De multiples avantages

En voyageant à l'intérieur de deux fibres voisines, sous la gaine d'un même câble, les codes lumineux ne se gênent absolument pas, tandis que les courants de deux conducteurs métalliques proches se perturbent mutuellement. De plus, la lumière se « façonne » encore plus facilement que l'électricité. En raison de ces qualités, une paire de fibres optiques transmet 4 fois plus de communications qu'une paire coaxiale métallique : jusqu'à 30 700! La foudre ou les parasites causés par les forts courants électriques industriels n'ont en outre aucune action sur la propagation de la lumière. Finis également, ou presque, les répéteurs entre les villes : 40 kilomètres sont franchis sans trop d'atténuation le long d'une fibre, et les ingénieurs sont près d'atteindre les 200 kilomètres et plus en un seul « bond »! Enfin, pour couronner le tout, 2 400 mètres de câble optique de la taille d'un doigt, fabriqués sans raccord, sont plus légers que 300 mètres de câble coaxial, 2 fois et demi plus gros avec 6 fois moins de voies de transmissions! Les câbles optiques sont de véritables autoroutes pour les télécommunications!

RÉPARER UN CÂBLE ABÎMÉ

Si souder un coaxial n'est pas trop difficile, sachez en revanche que deux brins de fibre optique doivent être raccordés à moins d'un millième de millimètre près! Un travail d'horloger!

Comment poser, surveiller, réparer des kilomètres de câbles?

Les câbles sont les premiers supports des conversations téléphoniques. Aériens, on les voit suivre les routes de campagne, tendus de poteau en poteau; enterrés, ils émergent soudain du sol pour porter leurs messages électriques de rue en rue, de maison en maison, d'étage en étage. Car des milliers de kilomètres de fils de cuivre, trop lourds pour être suspendus ou trop voyants, sont enfouis sous terre, cachés dans les égouts, mêlés à d'autres canalisations.

TÉLÉCOMMUNICATIONS ET SÉCURITÉ
Comme les routes et les voies ferrées, les télécommunications sont les « nerfs » d'un pays, un gage de sa sécurité et du bon fonctionnement de son économie.

Les lignards

Pour les abonnés des campagnes, « ceux du téléphone », ce sont avant tout les lignards : des hommes habitués à vivre sur le terrain, par tous les temps, pour que le téléphone relie la moindre ferme isolée au reste du monde. En ville, comme les autres employés du gaz, de l'eau, de l'électricité, on les voit travailler sur des chantiers pour installer les lignes d'un nouveau quartier, compléter le réseau existant ou réparer des circuits endommagés.

Poser les câbles

En général, entre deux villes, les câbles suivent le chemin le plus court; mais parfois, un détour est obligatoire pour franchir une montagne ou simplement éviter un gros arbre. Les poteaux sont plantés dans des trous creusés par des camions-tarrière ou à l'explosif, puis les câbles y sont suspendus à l'aide de bennes portées par un bras télescopique. Ceux de fort diamètre sont enterrés directement ou placés côte à côte et enfouis dans des conduites en ciment préfabriquées. Les coaxiaux sont dévidés à partir d'énormes bobines, des tourets, portées sur des remorques; les câbles optiques, eux, sont automatiquement posés à l'aide d'une sorte de tracteur pelleteur-dévidoir. Si creuser une tranchée dans un sol meuble ne pose aucun problème, il faut en revanche jouer de la trancheuse de roche ou du marteau-piqueur pour traverser les passages caillouteux! Les câbles sont enfouis à environ 1 mètre sous terre pour prévenir d'éventuels travaux de terrassement maladroits : un coup de pelleteuse et hop! 50 000, 100 000 voies téléphoniques sont coupées, jusqu'à ce que les lignards reviennent, en urgence, les raccorder!

En 1929, d'impressionnantes dérouleuses dévidaient déjà les câbles du téléphone dans la campagne française; mais les abonnés au téléphone étaient encore rares.

Pour se hisser en haut des poteaux téléphoniques, les lignards – c'est ainsi que l'on appelle les poseurs de lignes – utilisent actuellement des bennes auto-élévatrices.

EN CAS DE CRISE

Cristel, pour « Crise dans les Télécommunications ». Tel est le nom du plan de réparation d'urgence des liaisons téléphoniques en cas de catastrophes naturelles, comme lors de l'inondation de Nîmes en octobre 1988, ou du passage d'un cyclone à La Réunion ou aux Antilles.

De plus en plus, les lignards posent des kilomètres de câbles à fibre optique. En ville, ils descendent parfois dans les égouts creusés sous les rues.

Est-il vrai que des câbles traversent la mer?

LES « DENTS DE LA MER »!
En 1986, une blessure sur un câble des îles Canaries montre qu'un requin s'est attaqué à cette interminable proie... et y a laissé une dent! Pour éviter ce genre d'attaque, un blindage d'acier protège TAT 8!

Saviez-vous qu'il y avait autant de câbles téléphoniques déposés sur le fond de la mer Méditerranée?

Au milieu du 19e siècle, face à la mer, des Anglais se demandent comment ils pourraient faire franchir la Manche à leur ligne télégraphique pour développer leur commerce sur le continent. « Pourquoi ne pas dérouler un câble sous-marin jusqu'en France? » se dirent-ils. Ce qu'ils firent en 1851. Ce fut le premier câble sous-marin posé par les hommes pour communiquer entre eux. Sept ans plus tard, le premier câble transatlantique reliait l'Europe à l'Amérique; hélas! il ne fonctionna que quelques semaines... Qu'importe : la chose est réalisable et le téléphone saura profiter de l'expérience de son aîné le télégraphe!

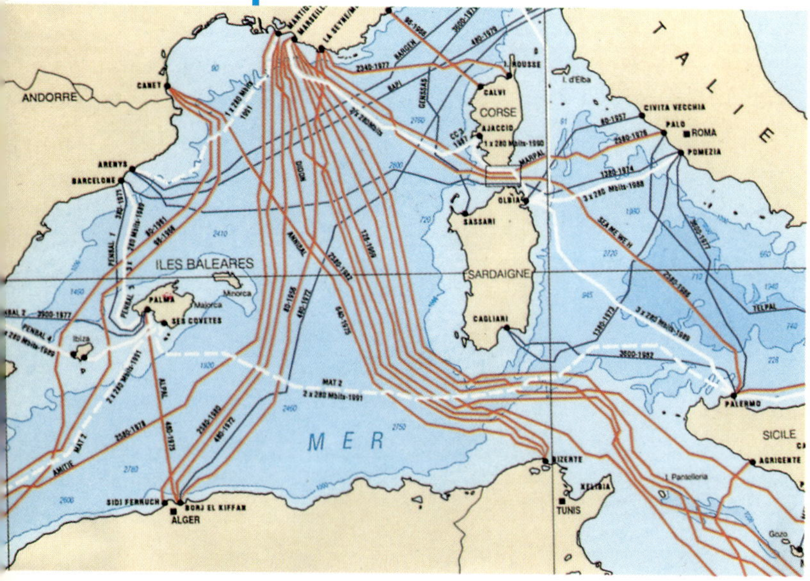

La famille TAT

1956 : naissance de TAT 1. Ce premier câble téléphonique transatlantique à répéteurs immergés relie l'Angleterre aux États-Unis, *via* Terre-Neuve et le Canada. Ses capacités sont modestes, mais de qualité : 36 communications peuvent être transportées simultanément. Puis vint l'ère des transistors, beaucoup plus petits et moins gourmands en électricité que les « lampes » des amplificateurs des premiers répéteurs.

Plus les câbles deviennent performants... et plus on en retire du service sur le fond des océans! De 650 000 kilomètres de câbles déroulés dans les mers du globe en 1930, on est passé aujourd'hui à « seulement » 250 000 kilomètres, pour un trafic des milliers de fois plus important. Le TAT 6 par exemple, datant de 1976, permet à 4 000 circuits téléphoniques de traverser l'océan sur 6 500 kilomètres.

Un chemin de lumière dans les abysses : TAT 8

Décembre 1988 : le dernier-né de la famille TAT, le huitième du nom, est mis en service. Un peu « snob », il délaisse les fils électriques et la transmission analogique pour préférer la fibre optique et la transmission numérique. Pour sa réalisation, 20 pays d'Europe ont travaillé ensemble; quant à l'autre moitié de la paternité, elle revient aux Américains. TAT 8 est un gigantesque Y horizontal : une dérivation part de la longue branche principale pour rejoindre la Bretagne, l'autre arrive en Cornouailles anglaises. Ce carrefour immergé est une grande première technique. 40 000 communications téléphoniques peuvent emprunter TAT 8 tout au long de 7 500 kilomètres de câble, régulièrement « gonflé » par 125 répéteurs optiques. Le tout doit fonctionner pendant 25 ans.

Le navire-câblier français *Vercors* est spécialisé dans la pose des câbles sous-marins. Dans ses soutes, des kilomètres de câble sont soigneusement enroulés. Une « charrue » spéciale enfouit le câble.

BOBINE, TRIODE ET TRANSISTOR

En 1900, l'Américain Michael Pupin a l'idée d'intercaler sur les câbles téléphoniques un appareillage électrique (bobine de self-induction) pour compenser l'affaiblissement des signaux électriques. Sept ans plus tard, son compatriote Lee De Forest invente un système actif beaucoup plus performant (lampe triode), capable d'amplifier le signal. Après 1948, le minuscule transistor remplace la grosse triode.

Qui pose les câbles téléphoniques au fond de l'océan?

Aujourd'hui, une véritable toile d'araignée est installée au fond des mers et des océans. De la Californie à l'Australie *via* Hawaii, de l'Afrique au Brésil, du Japon en Nouvelle-Guinée, de Marseille à Tel-Aviv. Cette toile géante qui rapproche les quatre coins du monde est l'œuvre des marins embarqués sur les navires-câbliers : les poseurs de câbles sous-marins.

Ce chapelet de flotteurs jalonne le câble que l'on est en train d'immerger ; sur la côte, une tranchée le guide vers une station d'« atterrissement ». A intervalles réguliers, des amplificateurs électroniques, les répéteurs, régénèrent le signal ; à bord, lors de la mise à l'eau, ou de la remontée du câble, les manipulations ne sont pas toujours faciles !

Le navire-câblier dépose son interminable fil sur le fond de la mer. Sous l'eau, des plongeurs suivent parfois les opérations.

Préparer le terrain

Avant de mettre à l'eau un câble de télécommunication, un navire océanographique dresse une carte précise du fond, tout le long du trajet de la future liaison. Des géologues étudient le terrain par des prélèvements de roches et de sédiments, afin d'éviter les régions où le câble pourrait être abîmé. Sur les côtes, aux endroits précis où le câble doit sortir de la mer pour retrouver la terre ferme, on construit des stations d' « atterrissement ». C'est là que le câble sous-marin est relié au réseau terrestre; de là également, il est testé tous les jours par un contrôle électrique, pour vérifier son bon fonctionnement. En interrogeant les répéteurs les uns après les autres, il est même possible de savoir où se situe une éventuelle panne, à 1 000, 2 000, 3 000 kilomètres de là, sous 4 ou 5 000 mètres d'eau. La station de Penmarch, en Bretagne, accueille ainsi le coaxial qui arrive du Maroc, celui du Portugal et la liaison optique transatlantique TAT 8. En tout, 8 stations de télécommunications sous-marines surveillent et entretiennent les câbles qui aboutissent sur les côtes de France.

Attention! Câble à la mer!

Les navires-câbliers se reconnaissent facilement : proue et poupe sont déformées par des gorges et des poulies qui dévident le câble ou le remontent à bord. Dans les cales, des milliers de mètres de câbles sont méticuleusement enroulés; avant le départ, le chargement, guidé à la main, a duré plusieurs semaines. Une fois en mer, 2 à 300 kilomètres sont posés chaque jour en continu, car câbles et répéteurs sont enroulés tout prêts dans les soutes. Le navire-câblier français *Vercors* utilise une « charrue » à jets d'eau qui enfouit automatiquement le câble au fond d'une tranchée, à proximité des côtes; une sage précaution qui évite quelques accidents dus aux coups de chalut maladroits! Deux autres navires assurent les réparations, par exemple à la suite d'un tremblement de terre ou d'une éruption volcanique sous-marine; un robot, le *Scarab*, « désensouille » le câble abîmé, qu'un grappin remonte à bord pour être réparé.

TOUJOURS DANS L'EAU

A terre, les câbles sous-marins sont stockés dans des cuves remplies d'eau, avec leurs annexes (répéteurs, extrémités, etc.).

Peut-on supprimer les fils du téléphone?

En 1896, Guglielmo Marconi vient d'avoir 22 ans. Ce jeune Italien est un inventeur de génie; passionné par les ondes électromagnétiques découvertes par l'Allemand Heinrich Hertz, il bricole un extraordinaire appareil : un poste qui permet de transmettre des télégrammes sans fil! Dans son système, il utilise d'autres inventions : l'éclateur de Hertz « fabrique » des ondes radioélectriques, l'antenne du Russe Aleksandr Stepanovitch Popov les émet et les capte, le « cohéreur » du Français Édouard Branly les « transcrit ». Marconi reçoit le prix Nobel en 1909 pour sa télégraphie sans fil, la TSF, l'ancêtre de la radio.

DES ONDES POUR UN COURONNEMENT

C'est en 1953, pour retransmettre le couronnement de la reine d'Angleterre, que les ondes hertziennes ont fait, en France, réellement leur entrée dans le monde des télécommunications.

Les liaisons hertziennes

Depuis l'invention de Marconi, le code électrique qui transporte la voix n'a plus besoin de support matériel pour circuler : le message peut se transmettre « dans le vide », « porté » par une onde hertzienne, que les coups de pelleteuse malencontreux ne peuvent plus couper! Toutefois, parentes de la lumière, ces ondes se propagent en ligne droite et sont gênées par les montagnes, les arbres ou les bâtiments. Elles doivent donc être émises depuis des tours qui élèvent les antennes au-dessus des obstacles, en direction de l'antenne suivante, visible à l'horizon. Mais ces liaisons impalpables ne sont pas aussi fines que des fils; chacune forme en réalité un pinceau étroit, dont l'énergie se disperse un peu au cours du voyage dans l'air. Voilà pourquoi les tours hertziennes de télécommunications ne sont jamais éloignées de plus de 50 kilomètres l'une de l'autre. Choisir l'emplacement de toutes ces antennes est un véritable casse-tête!

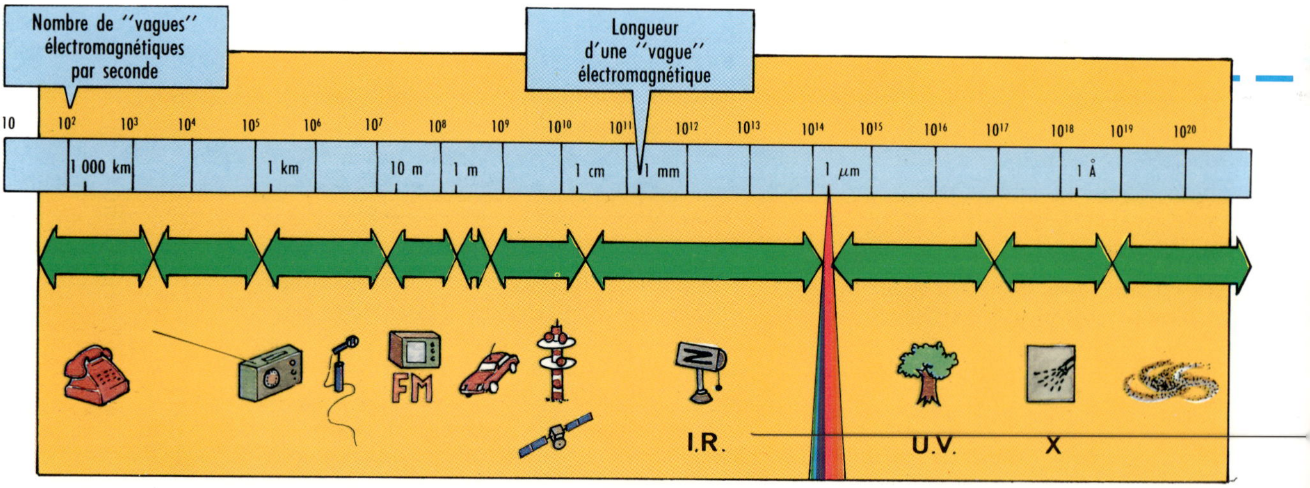

DES ANTENNES POUR LES ONDES

Les antennes émettrices ou réceptrices sont les mêmes; grâce à leur forme de parabole concave, comme un phare de voiture, elles concentrent l'onde radioélectrique en un faisceau très étroit, en direction de l'antenne suivante qui la reçoit sur toute sa surface, agissant alors comme le miroir d'un télescope. 30 000 km d'« artère » hertzienne traversent la France; la liaison Paris-Bordeaux par exemple nécessite une douzaine de tours-relais.

En haut de ces tours, des antennes captent les ondes électromagnétiques qui transportent les communications et les réémettent en direction des tours voisines. Les couleurs voyantes attirent l'attention des pilotes d'avions.

ÉLECTRIQUE ET MAGNÉTIQUE

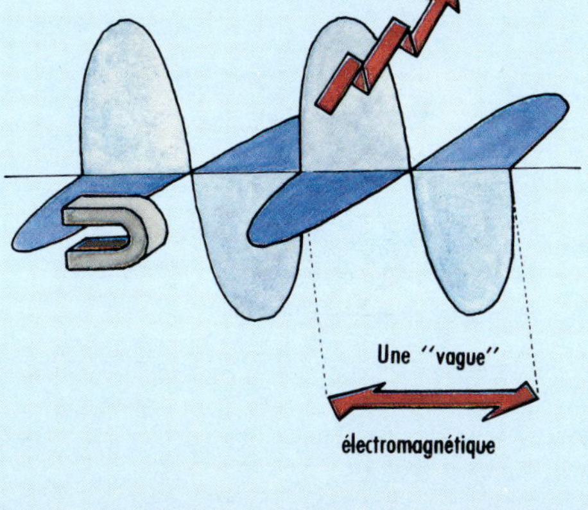

Une onde électromagnétique (lumière, ondes de radio, etc.) est composée de deux « vibrations » simultanées, l'une électrique, l'autre magnétique (c'est-à-dire comparable à l'influence d'un aimant), qui n'ont besoin d'aucun support pour circuler : ni liquide, ni solide, ni gaz. Ces ondes voyagent même très bien dans le vide interplanétaire !

Les ondes électromagnétiques sont impalpables, immatérielles. Elles sont classées en fonction de la longueur de leur « vague »; notre œil n'est sensible qu'à une infime partie (arc-en-ciel). Des appareils différents les utilisent, du téléphone aux télescopes spéciaux.

A quoi servent les satellites de télécommunication?

Édifier une super tour hertzienne, si haute qu'elle serait capable de faire traverser l'océan à une communication téléphonique en un seul bond, par-dessus la courbure même de la Terre : un rêve que les ingénieurs en télécommunication ne pouvaient espérer voir un jour se réaliser. Pourtant, voilà qui est fait, grâce aux satellites artificiels. Le premier essai a été, somme toute, assez simple : à quelque 1 000 kilomètres d'altitude, une sorte d'énorme ballon argenté servait à réfléchir une onde radio émise dans sa direction vers un autre point du globe. Tel fut le travail, totalement passif, des satellites américains *Echos,* lancés au début des années 60. Malgré la puissance considérable du signal émis par les stations, l'onde de retour était très faible; si faible, qu'il a fallu imaginer autre chose... Sans compter que ce système ne transportait qu'une seule voie téléphonique!

D'HIER A AUJOURD'HUI

Echo I et *II,* une fois gonflés en orbite, mesuraient 30 et 42 mètres de diamètre.
Environ 150 satellites encombrent aujourd'hui l'orbite géostationnaire au-dessus de l'équateur; la plupart ne fonctionnent plus. Il faudra finir par faire du ménage!

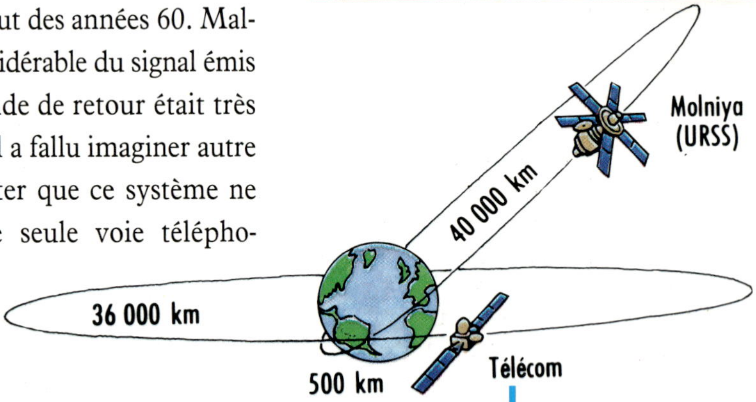

La plupart des satellites de télécommunication tournent exactement à la même vitesse que la Terre, à 36 000 km au-dessus de l'équateur. Les engins soviétiques suivent une orbite inclinée, très étirée.

Une antenne transportable, remontée au pied des Pyramides le temps d'une émission, permet d'acheminer images et communications téléphoniques jusqu'à Paris, *via* le satellite de télécommunication *Télécom 1*.

Les satellites actifs

Si l'on expédiait un satellite équipé d'un générateur électrique, il pourrait amplifier les signaux reçus avant de les retransmettre vers la Terre. Aussitôt dit, aussitôt fait. Mais pour cela, ces engins peuvent suivre deux chemins possibles. Soit le satellite est placé sur une orbite assez proche de la Terre (1 000 à 10 000 km) et *grosso modo* dans la direction nord-sud; on le voit alors parcourir le ciel au cours de la journée, tandis que lui, là-haut, « voit » la Terre défiler en contrebas. Malheureusement, non seulement ce super-relais n'est visible que quelques heures par jour au-dessus d'un même pays, mais en plus, il faut le « poursuivre » avec une antenne orientable. Soit l'engin décrit une orbite plus haute, exactement à 36 000 km d'altitude, juste au-dessus de l'équateur; pour rester à cette distance, il doit tourner exactement à la même vitesse (angulaire) que la Terre : il paraît ainsi fixe dans le ciel, toujours au-dessus de la même région, nuit et jour. Un tel satellite, idéal pour les télécommunications, est dit géostationnaire.

Le premier du genre s'appelait *Early Bird, Oiseau du Matin* en anglais; il était américain, pesait 38,5 kg et disposait de 240 circuits téléphoniques, ou d'une chaîne de télévision. Aujourd'hui, de nombreux satellites de télécommunication géostationnaires fonctionnent dans le monde. Les satellites français *Télécom 1A* et *1C* comptent parmi les derniers-nés.

Télécom 1 est un système français de télécommunication par satellite ; il transmet aussi bien la voix et les données informatiques que les images de télévision.

Comment fonctionnent les satellites *Télécom 1*?

Les deux satellites français *Télécom 1,* avec leur 600 kg chacun, sont capables de retransmettre 6 chaînes de télévision, 22 programmes de radio, les communications téléphoniques entre la métropole et La Réunion, les Antilles et tous les départements d'Outre-mer, ainsi que des liaisons particulières entre les grandes entreprises ! Sans oublier un accès spécial, dénommé Syracuse, réservé aux militaires pour communiquer avec les navires de guerre, en route sur toutes les mers du globe... Pour réaliser ce travail, ils « stationnent » au-dessus du golfe de Guinée.

D'immenses antennes pointées vers le ciel permettent de suivre les satellites de télécommunication et de transmettre leurs messages codés d'un continent à l'autre.

Une plate-forme dans le ciel

A 36 000 kilomètres de la Terre, l'environnement est très sévère : − 150 °C à l'ombre et + 100 °C au soleil ! A cela s'ajoute le bombardement continu de particules soufflées par le Soleil. Malgré ces agressions, l'électronique doit résister pendant plusieurs années. Le « boîtier » lui-même, que les spécialistes appellent la plate-forme, comporte les télécommandes, les réservoirs et les moteurs annexes, les appareils de contrôle, les panneaux solaires qui fabriquent l'énergie électrique, etc. C'est sur cette plate-forme que sont installés les éléments propres aux télécommunications, la charge utile du satellite : répéteurs et antennes.

Mettre au point un satellite comme ceux du système *Télécom 1* est un travail extrêmement long et minutieux. Puisque les réparations dans l'espace seront impossibles, il faut éviter lors de l'assemblage que le moindre grain de poussière ne vienne risquer de perturber le fonctionnement des appareils installés à bord.

LA FAMILLE TÉLÉCOM

Chaque génération de satellites Télécom, *Télécom 1* ou *Télécom 2*, compte plusieurs engins identiques, qui se remplacent en cas de panne. *Télécom 2* est le grand frère de *Télécom 1* : deux fois plus lourd, il est beaucoup plus puissant.

Les stations terriennes

Pour guider et surveiller les satellites, il a fallu construire d'immenses antennes reliées à des ordinateurs capables de « converser » avec eux. Près de Toulouse, le Centre d'exploitation et de contrôle des satellites télécommande chaque *Télécom 1* pour le maintenir parfaitement à son poste, dans une position convenable; par exemple, il ne doit ni se mettre à tourner, ni redescendre. D'autres antennes, en Bretagne, en Champagne-Ardennes..., transmettent, elles, les communications téléphoniques; elles mesurent plus de 30 mètres de diamètre et pèsent plus de 300 tonnes, tout en conservant une précision de visée de 1/10 de degré, même sous des rafales de vent de 110 km/h! Un autre centre, près de Mulhouse, règle et synchronise, lui, une multitude de petites stations automatiques disséminées dans toute la France; au nombre de plusieurs centaines, elles peuvent transmettre images et chiffres pour les besoins d'une entreprise ou lors du tournage en direct d'une émission de télévision, mais aussi recevoir n'importe quel programme en provenance d'une autre antenne. Un écheveau d'ondes qui ne doit vraiment pas s'embrouiller!

C'EST L'ÉCHO...

Pour qu'une onde radio franchisse les quelque 72 000 kilomètres qui vous séparent de votre interlocuteur antillais, *via* le satellite, et pour que sa réponse vous parvienne, cela dure environ une seconde; d'où un écho un peu désagréable dans votre écouteur.

Qu'est-ce qu'un réseau de télécommunication?

En France, la moindre maison est reliée à tout le pays par un ensemble de chemins, de routes, d'autoroutes, qui communiquent entre eux par des carrefours, des échangeurs. A chaque poste-frontière, ce réseau routier français est raccordé, on dit connecté, à ceux des autres pays, et par-delà, au monde entier. Mais bien sûr, plusieurs voitures, guidées par des feux tricolores et des couloirs de circulation, peuvent emprunter, ensemble, simultanément, une même voie. De la même manière, les câbles, les faisceaux hertziens forment un réseau de télécommunication, connecté lui aussi au monde entier.

Lorsqu'on relie deux à deux les postes téléphoniques (1), le réseau devient rapidement compliqué (2); pour simplifier, on connecte les appareils à des centres d'aiguillage reliés par de puissants circuits (3).

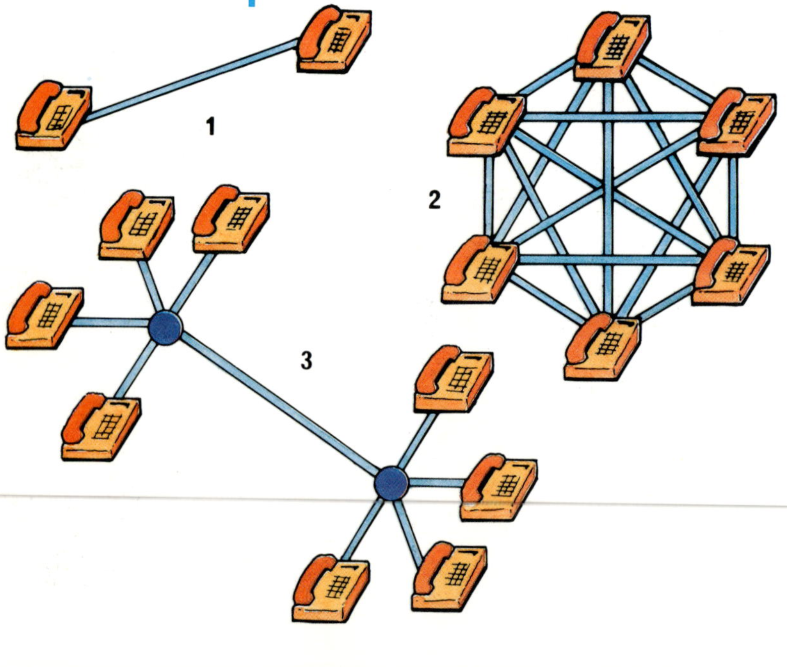

Lignes, circuits et artères

Si l'on voulait relier deux à deux, en France, les 28 millions d'abonnés au téléphone, il faudrait plusieurs centaines de milliards de lignes pour que tous puissent communiquer de l'un à l'autre! C'est impensable! Seul un véritable réseau, très bien organisé, peut se montrer efficace. Le mot réseau vient du latin *retiolus* qui signifie précisément filet, ce qui évoque bien l'image de mailles, formées de liens et de nœuds.

Les paires de fils qui relient chaque poste de téléphone à un premier centre local, éloigné au plus de quelques kilomètres, sont à l'image des chemins privés du réseau routier : ce sont les lignes d'abonnés. Les liaisons qui raccordent les centres d'abonnés entre eux constituent des circuits plus puissants, des « nationales » téléphoniques qu'un grand nombre d'usagers peut utiliser en même temps; elles sont faites de câbles coaxiaux, de câbles optiques ou de faisceaux hertziens. Plusieurs circuits regroupés sur un même trajet forment parfois de grandes artères; on sait même réaliser de véritables autoroutes pour télécommunications. Tous ces circuits sont connectés entre eux au moyen d'échangeurs, de gares de triage appelés commutateurs.

Dans les grands centraux téléphoniques, des milliers de paires de fils arrivent dans les sous-sols. Chacune représente la ligne d'un abonné, qui doit être repérée et orientée vers les commutateurs – des sortes d'aiguillages automatiques – situés dans les étages supérieurs.

UNE PREMIÈRE MONDIALE

La nuit du 25 octobre 1985 en France, sans que le trafic soit interrompu une seule seconde, tous les numéros de téléphone de 24 millions d'abonnés ont changé et sont passés de six à huit chiffres pour pouvoir doubler le nombre de numéros dans l'avenir !

Devant leurs pupitres de contrôle, les opérateurs surveillent le réseau téléphonique internationnal.

LE RÉSEAU FRANÇAIS

En France, le réseau téléphonique est régulé par près de 11 000 centres locaux et interurbains, reliés à seulement 70 centres de transit interrégionaux; les 9 principaux sont : Paris, Lyon, Marseille, Toulouse, Bordeaux, Nantes, Nancy, Rouen et Lille.
Un central d'abonnés important peut orchestrer plusieurs dizaines de milliers de lignes. A Paris par exemple, le centre Raspail gère les communications du Sénat, de l'hôtel Matignon...

Comment fonctionnent les commutateurs du téléphone?

Depuis un appartement par exemple, la ligne d'un abonné rejoint celles des voisins dans le sous-sol, puis arrive dans le central des télécommunications du quartier. Là, dans d'immenses halls bâtis sur plusieurs étages, 10 000, 100 000 paires de fils sont réparties vers de grands rayonnages de boîtiers électroniques : les commutateurs. Ce sont les carrefours, les aiguillages du réseau téléphonique. Selon le numéro que vous avez composé, de petits interrupteurs se ferment, dirigeant votre appel vers un nouveau « tronçon » du réseau. Les quatre premiers numéros sont les codes d'une région et d'une ville; les quatre derniers « balisent » le trajet à suivre pour aboutir à la ligne de votre correspondant parmi 10 000 autres possibles! Lorsque vous raccrochez, les interrupteurs se rouvrent immédiatement pour laisser les circuits disponibles pour d'autres appels.

DEPUIS 1889...

Un Américain, Strowger, a mis au point le principe du central téléphonique dès 1889.
Aujourd'hui, traiter 800 000 appels à l'heure et connecter 200 000 lignes d'abonnés, voilà ce que réalise le central temporel le plus moderne.
125 millions de fois par seconde un commutateur temporel repère les codes chiffrés d'une conversation et les réinjecte dans le bon circuit.

Il y a commutateur et commutateur!

Pendant longtemps, les communications étaient établies par de simples fiches que des dizaines de « demoiselles du téléphone » branchaient à la main dans les trous d'un immense tableau placé devant elles. Lorsque le téléphone automatique est arrivé, les « demoiselles » ont progressivement disparu, remplacées par... les pièces de métal des commutateurs électromécaniques. Puis le progrès a suivi son chemin et les ingénieurs se sont tournés vers un nouvel univers technique : l'électronique. Le dernier-né des commutateurs électroniques porte le nom de temporel, car, non seulement il aiguille les appels, mais il est capable, grâce à son calculateur, de choisir le chemin le plus rentable en fonction de l'encombrement des circuits et de concentrer le trafic dans le temps (d'où son nom), en imbriquant les appels les uns dans les autres. Les kilomètres de fils et les immenses halls aux contacts métalliques cliquetant des anciens centraux sont ainsi peu à peu abandonnés; ils sont remplacés par des ordinateurs où sont programmées plus d'un million d'instructions servant à orchestrer quelques armoires de cartes électroniques qui représentent les anciens câblages : c'est moins cher, 8 fois moins encombrant, plus facile d'emploi et plus fiable que les commutateurs électromécaniques! Sans compter tous les nouveaux services désormais imaginables, car ces systèmes électroniques « comprennent » le langage numérique de l'informatique. L'avenir des télécommunications passe par eux!

Un central téléphonique au début du siècle (ci-dessus) et aujourd'hui (à gauche). Les armoires remplies d'électronique font oublier les « demoiselles du téléphone », qui dirigeaient les communications jusque vers les années 60! En cas de panne dans le central, il suffit désormais de vérifier quelques circuits, signalés par un ordinateur.

CENTRAL OU COMMUTATEUR?

Aujourd'hui, l'ensemble des armoires de cartes électroniques d'un central téléphonique et des ordinateurs qui les « pilotent » est appelé auto-commutateur. Et de plus en plus, simplement commutateur. Le même mot désigne alors aussi bien les aiguillages que toute la gare de triage!

Peut-on voyager et téléphoner en même temps?

Le téléphone doit relier des millions de personnes qui se déplacent sans cesse pour leur travail, leurs loisirs; et certains abonnés souhaitent communiquer pendant leurs voyages, au volant de leur voiture ou dans un train, ou encore lorsqu'ils sont au fond de leur jardin. Pour eux, il a fallu concevoir des postes téléphoniques mobiles.

Des antennes spéciales couvrent le pays, constituant un réseau cellulaire (cercles); elles captent les appels émis depuis les voitures équipées du téléphone et les dirigent vers le réseau normal.

Les mobiles

L'électronique miniaturisée permet de construire des téléphones si peu encombrants qu'on peut les mettre dans la poche; d'autres sont fixés au tableau de bord de certaines voitures. C'est bien, mais cela ne suffit pas. En effet, les communications à partir de ces postes mobiles doivent s'effectuer par ondes radio : il n'est pas question de dérouler un fil derrière vous! Chaque poste conçu pour ces services baladeurs dispose donc d'une « onde personnelle », caractérisée par ce que les physiciens appellent une fréquence. Les fréquences se partagent les ondes radioélectriques, comme les couleurs, un arc-en-ciel. Pour suivre toutes les voitures équipées d'une antenne de téléphone, quelque 500 relais radio sont en permanence à l'écoute des ondes sur les routes de France; ils reçoivent les appels et les connectent au réseau téléphonique normal. C'est Radiocom 2000. Des publiphones à carte, semblables à des cabines publiques, équipent à présent les récentes rames du TGV; des détecteurs spéciaux évitent toutefois que les longs tunnels ne coupent la communication! Un système, utilisant des satellites, permettra bientôt de téléphoner dans le monde entier, depuis un avion.

Le téléphone de poche

Il existe également des téléphones portatifs : chaque individu devient ainsi un mobile à suivre! Cette nouveauté gagne la France et s'appelle Pointel. Le premier réseau Pointel est en cours d'installation à Strasbourg : sur les places, dans les rues, des bornes radio servent de relais. Il suffit de sortir son combiné au voisinage d'une de ces bornes, de composer le numéro désiré et hop! les ondes et l'électronique font le reste... Un inconvénient cependant : on ne peut pas vous appeler.

Pour les médecins, les représentants, les hauts responsables toujours sur le qui-vive, il existe d'autres systèmes : les radiomessageries. Où qu'ils se trouvent, un petit émetteur de poche les avertit qu'on cherche à les joindre. Eurosignal émet un « bip » sonore; Opérator, *via* le téléphone, inscrit en plus un message chiffré sur un petit écran et Alphapage peut même y joindre un texte de quelques mots, envoyé par Minitel.

Pointel, c'est le nom du téléphone de poche qui va, bientôt, faire son apparition en France, dans les rues de Strasbourg. Mais il existe déjà des radiomessageries (Eurosignal, Alphapage et Opérator) qui vous avertissent, où que vous soyez, que l'on cherche à vous joindre.

A la maison, dans son jardin ou sur un chantier, on peut utiliser un poste de téléphone portatif.

LA GUERRE DES FRÉQUENCES

Le nombre des fréquences radioélectriques n'est pas infini... et toutes sont âprement disputées ! Avions et navires, satellites et radars, radios et télévisions, civils et militaires : chacun est gourmand de fréquences... On a même parlé d'une « guerre des fréquences » !

LA FRÉQUENCE D'UNE ONDE

Une onde radio est un peu semblable à une succession de « vagues » invisibles ; la fréquence d'une onde est le nombre de « vagues » qu'elle produit en une seconde.

Le téléphone moderne est-il une boîte à idées?

Grâce au langage numérique et aux étonnantes possibilités des commutateurs électroniques, les téléphones à touches ont plus d'un tour dans leur sac! Ces postes permettent, si on le désire, de joindre un second correspondant tout en restant en ligne avec le premier : c'est la conversation à trois. On peut aussi prendre un appel alors que l'on est déjà en ligne, ou encore garder en mémoire des numéros fréquemment utilisés. Et ce n'est pas tout; un médecin de garde ou un homme d'affaires très occupé peuvent passer la soirée chez des amis sans crainte : les appels qui arrivent chez eux seront, sur demande, automatiquement transférés là où ils se trouvent (à condition, bien sûr, qu'il y ait le téléphone!). Une sorte de magnétophone spécial, un répondeur-enregistreur, permet également de répondre en cas d'absence et d'enregistrer le message laissé par le correspondant. Le propriétaire d'un tel appareil peut même, s'il s'agit d'un modèle perfectionné, l'interroger à distance depuis n'importe quel autre téléphone pour savoir qui a appelé. N'ayez pas peur d'un répondeur lorsque vous en avez un au bout du fil : parlez, laissez un message!

LES NUMÉROS VERTS

Ce sont des numéros d'appel réservés. Quand on les compose, c'est le correspondant qui paye la communication; dans le cas d'un Numéro Azur, le prix est partagé... Ça limite les abus!

Voici, grandeur nature, la télécarte qui fête l'admission de ce mot nouveau sous la coupole de l'Académie française.

Téléphoner de partout

Sur les places des villages, le long des avenues des grandes villes, vous avez déjà vu des cabines publiques, des publiphones; dans les hôtels, chez certains commerçants, il existe d'autres téléphones ouverts à tous : Point-Phone. Quelques pièces de monnaie et vous voilà en mesure de téléphoner dans le monde entier! Si vous manquez d'argent, on peut vous appeler de l'extérieur car chaque cabine publique a son propre numéro. Pour éviter le vol, le vandalisme, et pour faciliter les communications (on n'a pas toujours de la monnaie sur soi!), de nombreuses cabines acceptent des cartes spéciales, des télécartes. Lorsque vous achetez une télécarte, vous payez d'avance un certain nombre d' « unités » téléphoniques (Unités Télécom). La Carte Pastel, elle, fonctionne comme une carte de crédit : moyennant un petit abonnement, son possesseur peut appeler de n'importe quel publiphone à carte, grâce à un code confidentiel; le prix de la communication sera automatiquement reporté sur la facture que reçoit l'abonné tous les deux mois. Ces cartes fonctionnent grâce à une minuscule puce électronique, véritable mémoire incorporée.

A cartes ou à pièces, les cabines publiques – les publiphones – se sont multipliées sur tout le territoire français, des rues parisiennes jusqu'aux plus petits villages d'Outre-mer. Elles font partie du bien public, c'est-à-dire de ce qui appartient à tout le monde ; il faut éviter de les abîmer car elles rendent d'énormes services, nuit et jour.

UNE PUCE ÉLECTRONIQUE

La puce d'une télécarte est cachée dans l'épaisseur même de la carte, sous une pastille métallique à 8 contacts ; ces contacts servent à alimenter la minimémoire en électricité et à la faire fonctionner dès que la carte est introduite dans l'appareil.

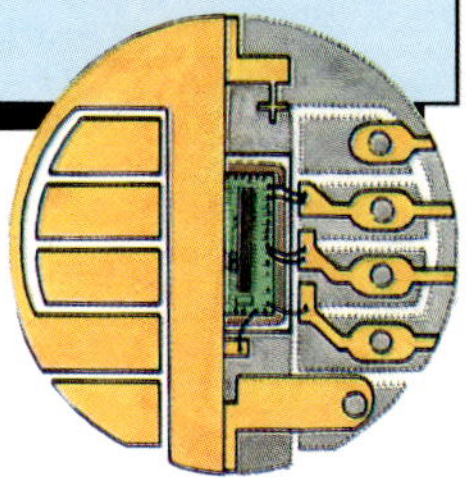

Et si l'on transportait des dessins, des écritures?

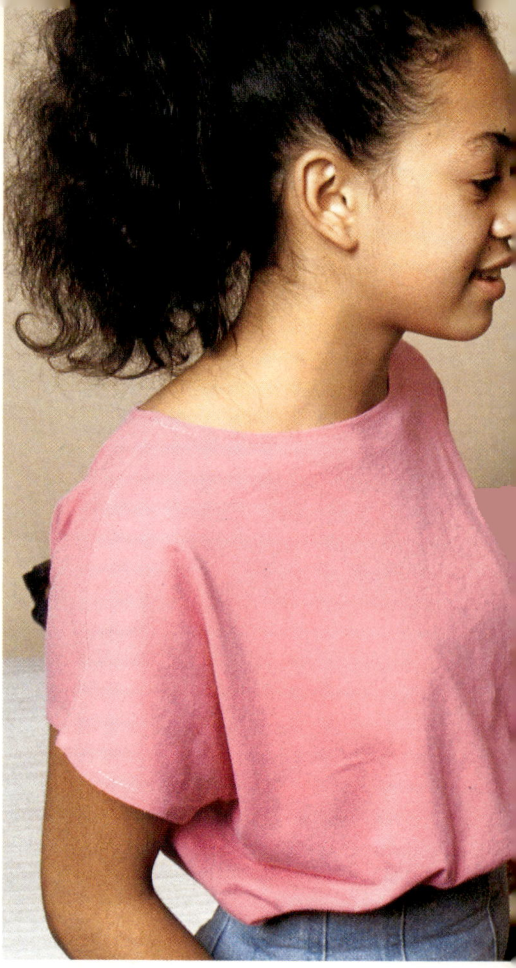

SANS SORTIR DE CHEZ SOI

Le télécopieur bouleverse le monde des affaires : il permet de travailler à la maison, de corriger des textes, des dessins ; les derniers-nés ont la qualité d'une imprimante au laser !

La parole n'est pas le seul genre de message que les hommes désirent se transmettre : textes, dessins, photos constituent de précieuses informations que les journalistes, les ingénieurs, les créateurs de mode, les imprimeurs s'échangent en permanence. Pour eux, le rêve serait de faire circuler ces documents instantanément, depuis le lieu d'un reportage jusqu'au journal, du bureau à l'usine, du magasin à l'entrepôt... Désormais, ce rêve est réalité : c'est la télécopie, la copie à distance.

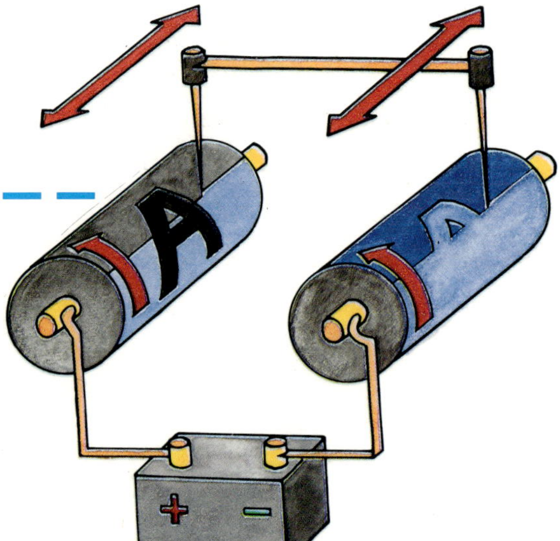

Voici comment fonctionnait l'appareil électrique de Backwell. Le dessin, placé sur un tambour tournant, était lu ligne à ligne par un stylet ; plus loin, un système inverse le reproduisait. C'est le principe des télécopieurs.

L'histoire d'un papier magique

En 1843, Alexander Bain, un Anglais, met au point un papier sur lequel il écrit à l'aide d'une pointe métallique électrisée. Sa feuille est imbibée d'un produit chimique baptisé du nom barbare de ferrocyanure de potassium, qui présente la particularité de bleuir sous l'effet du courant. Huit ans plus tard, un compatriote de Bain dénommé Backwell utilise ce papier pour transmettre un texte à distance. Voici comment. Les lettres sont tracées sur une plaque métallique conductrice de l'électricité avec une encre isolante, puis elles sont « lues » ligne à ligne par une pointe électrique ; chaque fois que la pointe rencontre un trait, le courant est coupé. Ce montage est relié par un circuit électrique à un second appareil, où un autre stylet en métal décrit exactement les mêmes lignes, mais sur une feuille au ferrocyanure ; la pointe, parcourue par le courant venant du premier système, bleuit le papier, sauf aux endroits qui correspondent aux traits, puisque, juste à ce moment-là, le courant est coupé. Le texte apparaît ainsi, en blanc sur fond bleu.

La télécopie aujourd'hui

L'invention de Bain et Backwell est vite améliorée : c'est le pantélégraphe (le télégraphe qui écrit tout) de Giovanni Caselli (1855), mais surtout le bélinographe d'Édouard Belin (1912), capable de reproduire une photographie en noir et blanc. Dans cet appareil, un rayon lumineux balaye l'image et se réfléchit, plus ou moins atténué selon les blancs, les gris, les noirs qu'il rencontre. Et ces variations sont traduites en courant électrique. A l'autre extrémité de la ligne de retransmission, un autre rayon lumineux impressionne une pellicule, avec exactement les mêmes variations d'intensité.

Aujourd'hui, des millions de télécopieurs modernes permettent l'envoi et la réception de documents écrits ou de photos dans le monde entier, en quelques minutes, en utilisant le réseau téléphonique commuté. De grands journaux sont même « montés » et imprimés à distance dans plusieurs villes en même temps (fac-similé de presse), surveillés depuis le bureau principal situé, par exemple, à Paris.

Pour envoyer une télécopie, il suffit d'introduire la page, le dessin, la photo à transmettre dans le télécopieur, puis de composer le numéro du correspondant ; un signal sonore l'avertit que la copie va arriver.

DE TOUS LES COINS DU MONDE

Entre la France et le Japon, la moitié des communications téléphoniques sont dues à la télécopie (car rappelez-vous qu'elle emprunte le réseau du téléphone). Ces échanges sont moins chers et plus rapides que le courrier envoyé par avion !

Le Minitel, qu'est-ce que c'est?

A la fin des années 70, les ingénieurs imaginent un mariage : celui des télécommunications et de l'informatique. De ce mariage naît la télématique, qui associe deux grandes qualités de ses « parents » : la simplicité d'utilisation du téléphone et la puissance de l'informatique. La télématique permet désormais aux entreprises d'échanger du courrier, de régler des factures, de passer des commandes, à distance et immédiatement, en utilisant tout simplement le réseau téléphonique! Au début des années 80, ce réseau a été associé à un autre, plus rapide et plus puissant : Transpac. Cette « association », capable de transporter beaucoup d'informations, offre des services (renseignements, réservations...) baptisés du nom de Télétel. Vous, à la maison, vous pouvez disposer d'une « porte d'entrée » sur les services Télétel : c'est le Minitel.

Avec son écran plat, le *Minitel 5* a un look ultra-moderne! Et il permet de dialoguer avec les banques de données depuis un publiphone ou même de sa voiture!

LA FAMILLE MINITEL

Minitel 1 (bientôt remplacé par *Minitel 2*) est le plus simple ; un de ses « frères » possède un écran couleur, un autre est capable de communiquer avec des banques de données informatiques, un troisième de dialoguer entre personnes qui entendent ou parlent difficilement. *Minitel 5*, lui, avec son écran à cristaux liquides (comparable à celui d'une calculette) est portatif et extraplat. *Minitel 10* possède son propre téléphone, avec des fonctions ultramodernes. Quant à *Minitel 12*, il peut, en plus, recevoir un message en votre absence...

Le Minitel est ce que les informaticiens appellent un périphérique ou un terminal, car il sert de porte d'accès à de puissantes mémoires électroniques installées dans tous les coins de France.

Portrait d'un Minitel

Extérieurement, un Minitel ressemble à un petit ordinateur, mais ce n'est pas un ordinateur. Il ne peut rien faire tout seul. En revanche, c'est un appareil dit périphérique, ou encore terminal, car il est relié à des ordinateurs (des vrais ceux-là !), mais très éloignés, dispersés à travers toute la France. Les propriétaires de ces mémoires électroniques ont stocké là toutes sortes de renseignements, d'informations : l'annuaire électronique mais aussi des jeux, des horaires, des tarifs, des adresses... Il peut être commode de les consulter ; cela peut servir : d'où le nom de centres serveurs donnés aux ordinateurs accessibles par le Minitel. Une fois branché à la fois sur une prise de courant (comme tout appareil électronique, le Minitel fonctionne à l'électricité) et sur le téléphone, le Minitel est prêt à fonctionner. Sur un écran, textes et images peuvent apparaître, transportés tout au long du parcours grâce à un langage informatique particulier dont le nom de code est Vidéotex.

A côté de l'écran, un clavier semblable à celui d'une machine à écrire permet de dialoguer avec tous les serveurs installés aux quatre coins du pays (ou même à l'étranger), de leur poser des questions, de profiter de leurs fabuleuses mémoires.

LE MINITEL EN CHIFFRES

Si le téléphone a 100 ans, le Minitel n'en a que 10 ; entre les deux se situent la radio (60 ans) et la télévision (40 ans).
Aujourd'hui il existe quelque 5,5 millions de Minitel, branchés sur plus de 13 000 serveurs qui reçoivent 85 millions d'appels par an !

Voici le schéma de l'« arbre Télétel ». En empruntant le Réseau Téléphonique Commuté (RTC), les Minitel sont reliés au puissant réseau Transpac par des accès spéciaux (PAVI) ; Transpac assure ensuite le trafic avec les ordinateurs de tous les services proposés (serveurs).

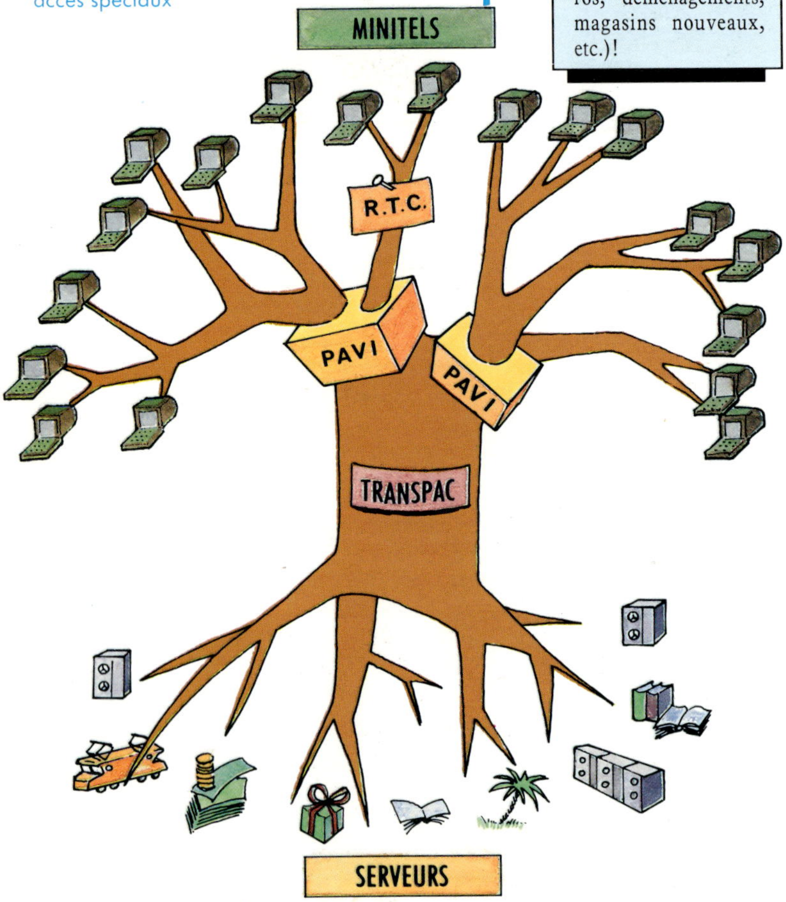

UN ANNUAIRE UNIQUE AU MONDE

L'annuaire électronique disponible en France est unique au monde ; chaque jour, la liste des 28 millions d'abonnés est corrigée par près de 50 000 modifications (changements de numéros, déménagements, magasins nouveaux, etc.) !

A quoi sert le Minitel?

Un Minitel, c'est un peu comme un fruit à l'extrémité d'une branche ; derrière lui se trouve une sorte d'« arbre » : Télétel. Les « branches » sont les lignes téléphoniques du Réseau Téléphonique Commuté – ou RTC – qui se greffent ensuite sur le tronc puissant du réseau Transpac. Mais pour que l'information circule correctement, des centres spéciaux font la jonction entre les branches et le tronc : ce sont les PAVI, les Points d'Accès Vidéotex. Enfin, ce réseau se ramifie en une multitude de racines, dont chacune mène aux ordinateurs abritant les serveurs, véritable « sève » nourricière des Minitel. Lorsque vous utilisez votre Minitel, vous parcourez cet arbre informatique de l'extrémité des branches jusqu'aux racines les plus éloignées.

LE MINITEL DE DEMAIN

Bientôt, les images seront aussi belles que des photos ; de plus, le Minitel permettra un jour de « diriger » les appareils électriques de votre maison, comme un chef d'orchestre : il éteindra une lumière oubliée, réglera le chauffage, allumera le four, mettra le magnétoscope en marche... Cela s'appelle la domotique.

Commander un cadeau, retenir un billet de train ou d'avion pour les vacances ou connaître les programmes de cinéma sans sortir de la maison : c'est facile avec un Minitel ! Il peut également aider à travailler, à vérifier un compte en banque et rendre mille autres services, qui seront payés en même temps que le téléphone.

Suivez la piste !

Allumez votre Minitel et composez un numéro d'accès à Télétel sur votre téléphone (par exemple, le 3614). Un PAVI reçoit l'appel *via* votre central téléphonique et vous retourne une tonalité aiguë; cela signifie « message reçu, passez en mode télématique », c'est-à-dire connectez votre Minitel (appuyez sur le bouton « Connection/Fin »). Cela fait, le signal repart vers le PAVI, qui renvoie vers votre écran une « page d'accueil », le « menu » proposé par Télétel. Il ne vous reste plus qu'à choisir le service que vous désirez, en composant son nom de code sur le clavier. Explorant sans que vous vous en doutiez l'arbre Télétel, vous êtes alors immédiatement en communication avec le serveur, installé n'importe où en France...

Tous les services

Vers quels services vous dirigent les numéros d'appel que vous composez ?
Le 11, le plus connu, est l'annuaire électronique, c'est-à-dire la liste de tous les abonnés du téléphone de France, classés par nom, par profession, par rue même parfois. C'est commode pour retrouver un numéro oublié ! Le 3615 ouvre les « kiosques » du grand public – jeux, dialogues, journaux, programmes de cinéma, réservations de train... –, tandis que les 3614, 3616, 3617 donnent des conseils (un service peut même vous aider pour vos devoirs et vous donner les corrigés d'examen !), assurent des ventes par correspondance, s'occupent des comptes en banque, etc.

D'autres numéros d'appel existent encore, comme le 3613, souvent utilisé par les entreprises pour communiquer avec leur personnel.

Aujourd'hui, plus de 13 000 services Télétel sont à notre disposition !

Existe-t-il des liaisons spéciales pour les entreprises?

Les banquiers ont besoin de s'échanger des comptes; les ingénieurs utilisent de puissants ordinateurs pour mettre au point de nouvelles voitures (CAO) ou rechercher du pétrole; certaines grandes entreprises doivent communiquer des lettres, des schémas ou même des vidéoclips commerciaux à leurs succursales. Or toutes ces informations peuvent être codées en langage numérique; le réseau téléphonique déjà existant peut aider à les transporter, à condition toutefois de lui apporter quelques améliorations...

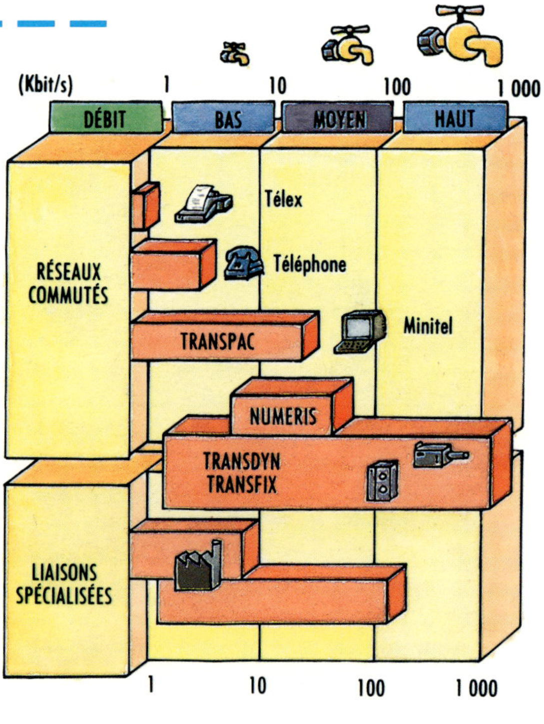

Les services de télécommunications modernes ne demandent pas tous le même débit d'informations; si le Télex est le moins exigeant, la télévision et les gros ordinateurs sont de véritables gloutons : ils « dévorent » jusqu'à 2 millions de bit chaque seconde!

Un débit-fleuve

Chaque seconde, l'Amazone déverse dans l'océan 500 fois plus d'eau que la Seine : on dit que son débit est 500 fois plus important. Il en va de même pour les télécommunications. Le débit est alors le nombre de 0 et de 1 du « message numérique » transporté par seconde. Le réseau téléphonique est de plus en plus adapté pour offrir, partout, un débit qui permet de véhiculer non seulement de simples conversations téléphoniques, mais aussi des fichiers d'ordinateurs; ce débit, de 64 000 bit/s (ou 64 kbit/s), est cependant 1 000 fois moins important que celui nécessaire pour transmettre une émission de télévision (quelques millions de bit/s)! Voilà pourquoi une ligne téléphonique ne peut pas transporter un canal de télévision, tandis qu'une fibre optique, beaucoup plus performante, peut le faire.

Des liaisons spécialisées

Les différents tronçons du réseau téléphonique mis bout à bout, on dit commutés, constituent un lien momentané entre deux abonnés désireux de s'échanger des données (lettres, comptes, etc.) ou des images. Et sitôt la communication terminée, les aiguillages électroniques redeviennent disponibles pour d'autres appels. Mais certaines grandes entreprises, comme les banques, souhaitent s'échanger en permanence une multitude d'informations. Pour elles, les ingénieurs ont créé des liaisons spéciales, qui leur sont réservées (elles sont de plus en plus souvent numériques, comme Transfix). Cependant, de telles liaisons ne sont accessibles que si l'entreprise est située à moins d'une trentaine de kilomètres de « points d'accès » privilégiés, sortes de supercentraux téléphoniques répartis dans le pays.

Pour inventer de nouvelles machines, les ingénieurs utilisent de plus en plus des ordinateurs qui dessinent chaque pièce et calculent les efforts qu'elles devront fournir. C'est la CAO, la Conception Assistée par Ordinateur. Le gain de temps est considérable ; mais le débit d'informations que doivent supporter les lignes de télécommunications entre les terminaux est important. Aussi a-t-on créé des liaisons spécialisées, réservées aux entreprises.

BIT ET OCTETS

En langage informatique, chaque chiffre du code numérique est traduit par un train de 8 informations élémentaires (0 ou 1) ou bit (abrégé de l'anglais *binary digit*, élément binaire); chaque train forme un octet, car *octo* signifie 8 en latin. La mémoire d'un ordinateur s'exprime en millions d'octets, le débit d'une liaison de télécommunication en bit par seconde (bit/s).

Transpac, qu'est-ce que cela veut dire?

T rans- fait allusion aux transmissions et -pac à des paquets. Oui, des paquets. Car les ingénieurs ont eu l'idée de décomposer en petits paquets d'informations les conversations, les textes, les images codées, pour gagner de la place sur les liaisons et éviter ainsi que les lignes ne soient trop vite encombrées; exactement de la même manière que des meubles ou des appareils sont livrés en pièces détachées, en kit, pour faciliter leur transport et leur distribution.

UN RÉSEAU RECORD

Mis en service en 1978, Transpac est connecté aux systèmes similaires situés à l'étranger, constituant de la sorte le réseau public de transmission de données par paquets dont le nombre de raccordements et le trafic sont les plus importants dans le monde.

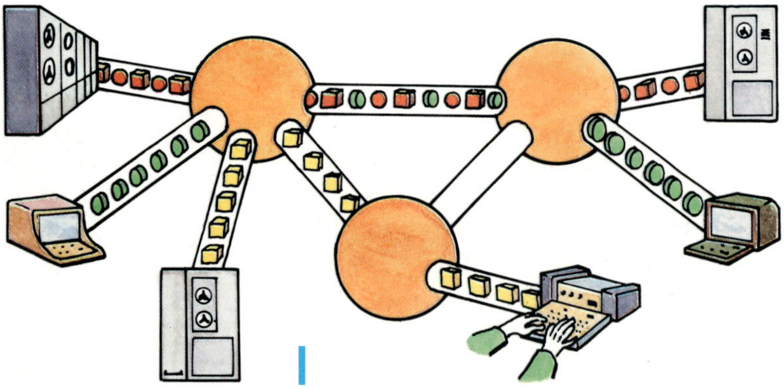

Transpac ou le transport par paquets. Pour améliorer le trafic, les informations sont découpées en tronçons standard (paquets), transportés à la queue leu leu jusqu'à des centres électroniques de tri et d'aiguillage qui les regroupent selon leurs destinations.

Bonjour Transpac!

Grâce au réseau Transpac, des grappes de terminaux sont reliées à un calculateur central, une entreprise est en liaison avec son comptable, un grand magasin gère ses stocks à distance, une usine avertit ses fournisseurs, règle ses commandes; et tout cela immédiatement, en toute sécurité, dans tous les coins de France... Et rappelez-vous que c'est également le réseau Transpac qui véhicule le trafic du Minitel.

A l'intérieur d'un centre de supervision du réseau Transpac, comme ici à Rennes, le trafic, dirigé par ordinateurs, est suivi 24 heures sur 24 sur des écrans de contrôle.

Découper, transporter, trier, distribuer en un éclair

Véritable train de paquets de chiffres, le réseau Transpac assure aussi bien le transport que l'aiguillage des données codées, numérisées. Toutes les informations sont découpées en courts tronçons. Chacun porte un en-tête, qui permettra de le reconnaître, et une adresse vers laquelle il doit être acheminé. Pour éviter pertes et dégradations, un système d'accusé de réception contrôle, à la fin du voyage, la distribution des paquets d'information. Ces opérations (évidemment électroniques!) sont effectuées dans des centres spéciaux, qui fonctionnent comme les gares de marchandises. Au départ, les communications de toutes les provenances sont mises en paquets codés et envoyées dans les câbles ou sur les ondes bout à bout, au fur et à mesure de leur arrivée, comblant ainsi le moindre espace disponible; pour gagner encore davantage de temps et de place, ces paquets sont expédiés sur les voies libres à ce moment-là, c'est-à-dire sur les itinéraires du réseau les moins chargés, même s'ils ne sont pas les plus directs. A l'autre extrémité, ils sont récupérés, vérifiés, regroupés, avant d'être aiguillés vers leur destinataire, qui retrouve ainsi un message complet... et ne se rend compte de rien puisque tout cela n'a même pas duré une seconde!

UN TORRENT D'INFORMATIONS

2 300 milliards de caractères (chiffres, lettres, signes, etc.) ont été transportés, chaque mois, par le réseau Transpac en 1989. La somme à payer par les utilisateurs du réseau Transpac dépend uniquement de la quantité d'informations transportée, et non de la distance.

Et Numéris?

Numéris, c'est une simple prise qui se branche sur le réseau du téléphone; comme un coup de baguette magique, elle ouvre l'accès au Télex, au Minitel, au traitement informatique des données, et même aux banques d'images.

Au pied des maisons, des appartements passe le Réseau Téléphonique Commuté (le RTC), qu'empruntent déjà téléphone et télécopie; mais tant de données, tant d'images sont stockées dans des banques spéciales! Ce serait très commode d'y avoir accès, tranquillement, depuis la maison, par ce même réseau... Aujourd'hui, cette nouvelle « fée » des télécommunications existe : elle porte le joli nom de Numéris...

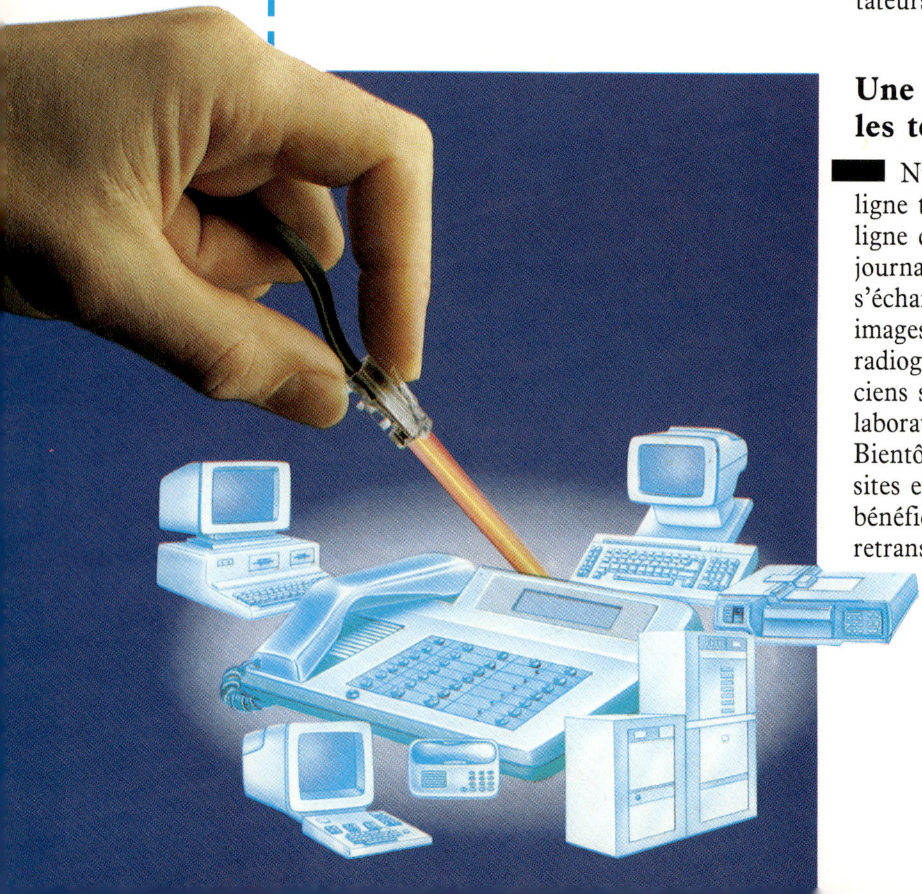

Une simple prise

Numéris, c'est la rencontre de deux mondes : celui des télécommunications et celui de l'informatique. Les spécialistes disent que Numéris est un réseau numérique à intégration de services : une appellation bien mystérieuse... Plus simplement, cela signifie qu'une seule prise peut vous donner accès, d'un seul coup, à un poste téléphonique, un Minitel, un télécopieur, un ordinateur... Bien sûr, votre ligne téléphonique a dû être un peu renforcée : en particulier, elle a été adaptée pour supporter un débit dépassant 6 fois celui de votre ligne actuelle, qui est de l'ordre de 9 600 bit/s.

Il faut également que les commutateurs de votre central soient capables de comprendre le langage informatique; voilà pourquoi les anciens systèmes sont remplacés par des équipements modernes (commutateurs temporels).

Une nouvelle ère pour les télécommunications

Numéris, c'est en quelque sorte une ligne téléphonique *presque* intelligente! Une ligne qui a déjà ses adeptes convaincus. Les journalistes, les éditeurs, les publicistes s'échangent, en quelques secondes, textes et images. Les médecins étudient à distance radiographies ou scanners, et les pharmaciens sont en contact immédiat avec les laboratoires qui fabriquent les médicaments. Bientôt, les agences de voyages montreront sites et hôtels à leurs clients, les radios bénéficieront de la Haute Fidélité pour retransmettre leurs interviews, etc.

Numéris est connecté avec le système équivalent japonais, allemand, anglais, américain. Petit à petit, un réseau international nouveau se met en place...

NUMÉRIS POUR TOUS

Inauguré en Bretagne en décembre 1987, Numéris comptait 2 000 abonnés en 1989, et on en prévoit 500 000 en 1995... Pour accéder à Numéris et à tous ses avantages, il faut prendre un abonnement spécial.

LES ANNIVERSAIRES DE NUMÉRIS

1988 : le réseau est étendu à Rennes, puis à Paris, Neuilly, La Défense. 1989 : Lille, Lyon, Marseille entrent dans la danse. Fin 1990 : Numéris est disponible sur l'ensemble de la France métropolitaine.

Peut-on émettre et recevoir une image?

Réponse : oui bien sûr, puisque les codages (que ce soit en toboggan-analogique ou en escalier-numérique) et les techniques de transport utilisées en télévision (câbles ou ondes radioélectriques) sont les mêmes que dans le cas d'une conversation téléphonique.

Pour pouvoir transmettre une image, la caméra vidéo la « découpe » en une sorte de grille de points colorés, plus ou moins lumineux, répartis sur des lignes très serrées; chaque image est ainsi « balayée » par 625 lignes de 700 points chacune. Ces points, fidèlement reproduits sur votre écran de télévision, reconstitueront l'image; la cadence de 25 vues par seconde donne l'impression du mouvement. Entre la caméra et le téléviseur, les points (avec leurs couleurs, leur luminosité...) sont transmis codés, comme la parole dans le téléphone, et les sons également. Cette traduction électrique d'une émission de télévision est toutefois beaucoup plus envahissante dans les liaisons qu'une simple conversation à deux. Seuls câbles ou faisceaux hertziens à haut débit sont capables de la transporter sans embouteillages!

TELSTAR

Le 10 juillet 1962, le satellite américain *Telstar* assure la première retransmission de télévision intercontinentale, entre les États-Unis et les antennes de Pleumeur-Bodou, en Bretagne.

Parasites et bavures

Actuellement, le codage d'une émission de télévision est le plus souvent analogique, pas numérique. Le signal émis est divisé en trois « portions » inégales : une (près des 2/5e) est occupée par les couleurs, une autre encore plus importante (les 3/5e) règle les luminosités – c'est du noir et blanc – tandis que la petite partie restante sert à véhiculer le son. Mais il arrive que ces trois « portions » empiètent un peu l'une sur l'autre : des parasites du son brouillent parfois l'image et les couleurs « bavent »... Voilà qui n'est pas très agréable à regarder! Pour demain, les ingénieurs préparent de nouvelles images vidéo, sans aucun défaut.

Le SERTE est un véritable carrefour de l'image, où toutes les émissions télévisées transmises par satellites dans le monde sont reçues nuit et jour, puis dirigées vers les chaînes françaises, ou les entreprises qui le demandent.

Des aiguilleurs d'images

A Paris, dans une rue du quartier du Marais, une multitude d'antennes pointées vers le ciel signale la présence d'un important centre de télécommunications : c'est le SERTE (Service d'Exploitation et de Réservation pour la Radio et la Télévision). Dans ce bâtiment, des spécialistes reçoivent tous les programmes diffusés par les satellites du monde entier, nuit et jour. De là, films, reportages, sont aiguillés, par câbles ou par ondes, vers les chaînes qui en ont fait la réservation à l'avance. C'est ainsi que sont retransmis aussi bien le Paris-Dakar que les comptes rendus de guerre, les sommets politiques que les Jeux Olympiques. Le SERTE redistribue également des émissions « préfabriquées » par des ateliers spécialisés, ou même par des entreprises qui louent câbles et ondes du réseau pour quelques minutes.

LE MONDE SUR UN PLATEAU

Le 1er janvier 1988, en première mondiale, un millier de jeunes dispersés sur quatre continents sont « réunis » en direct à la télévision ; les images en provenance de Chine, de Tunisie, de Côte-d'Ivoire, du Brésil, des États-Unis, d'U.R.S.S. ou de France passent toutes par les « aiguillages » du SERTE.

Comment sera, demain, la nouvelle télévision?

Sur un grand écran allongé, comparable à celui des films en cinémascope, une image s'anime, aussi nette qu'une photo, infiniment nuancée, brillante et douce tout à la fois, sans la moindre « bavure ». La voix du commentateur est si claire, si présente qu'on le croirait, ici, dans la pièce; derrière, monte une musique en stéréophonie, guitare à droite et piano sur la gauche, tandis que du milieu semble émerger le rythme lointain d'une batterie. Pour vous dépayser un peu, voulez-vous entendre le commentaire en anglais, ou en espagnol, ou en allemand? C'est facile : appuyez sur un bouton et le « doublage » est instantané... Voilà, en quelques mots, ce que sera la télévision, bientôt.

UN PASSEPORT POUR L'IMAGE
La télévision numérique haute définition et le réseau câblé vont permettre de choisir les programmes « à la carte »... et de ne payer que ce que vous aurez réellement regardé! Ce sera le système Visiopass.

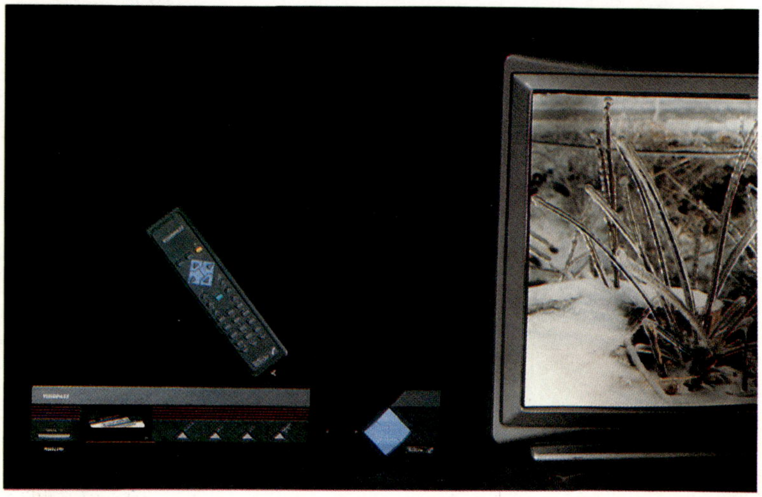

Image et son numérique

La télévision a profité des fantastiques améliorations apportées au téléphone par le langage numérique. Comme votre « allô ?... », les images et les musiques peuvent être traduites en suites de chiffres, regroupées par paquets et transportées à la vitesse de la lumière par les câbles ou les ondes. Ce codage porte le nom – un peu compliqué! – de D2 MAC/paquet. Dans cette « nouvelle » télévision, les informations chiffrées sur les couleurs, les luminosités en noir et blanc et le son sont rigoureusement séparés et ne peuvent plus se mélanger. Et on peut même faire mieux : le balayage des images peut être « poussé » jusqu'à 1 250 lignes de 2 000 points chacune! Conclusion : une image parfaite et 8 canaux disponibles pour la musique et les commentaires, c'est-à-dire la stéréophonie et des versions en plusieurs langues! C'est ce que l'on appelle la télévision à haute définition, la TVHD.

De maison en maison, de ville en ville, le réseau câblé permettra de choisir les émissions selon ses goûts.

LES SATELLITES *TDF*

Ces satellites ne transmettent ni données, ni conversations téléphoniques, mais uniquement des émissions de télévision ; ce sont des satellites de télédiffusion, et non de télécommunication comme les satellites *Télécom 1.*

Le réseau câblé

Si on nous promet pour demain des images plus belles à regarder, dès aujourd'hui certains d'entre nous profitent d'une vingtaine de chaînes de télévision grâce aux réseaux câblés. Un vrai menu de fête ! Ces réseaux de câbles à fibres optiques sont déjà installés dans plus d'une cinquantaine de villes : ils complètent ainsi la réception par satellites et permettent, à Paris par exemple, de recevoir jusqu'à 30 chaînes. Il y en a pour tous les goûts : sports, voyages, musique, films, discussions et, bien entendu, programmes pour enfants !

Demain, les studios de télévision seront équipés de caméras à haute définition, dont les images seront parfaites.

Comment être encore plus... branché?

Les directeurs des grandes entreprises sont très bien organisés, mais toujours très pressés. Ils cherchent sans cesse à gagner du temps et à économiser de l'argent pour acheter des machines plus modernes, ou pour rencontrer de nouveaux clients. Pour eux, le téléphone et le Minitel sont déjà des collaborateurs efficaces; ils évitent de se déplacer pour passer une commande ou pour discuter d'une affaire. Grâce à la télécopie et au télex, les comptables s'échangent également des calculs, les ingénieurs corrigent des graphiques, des schémas. Ensuite, il ne sera pas question de dire « Ce n'est pas ce que j'ai dit! » ou « Vous ne m'avez pas demandé cela! », car les feuilles imprimées seront là pour prouver qui a raison!

DÉJA EN 1879

Jules Verne y avait pensé! Voici comment cet auteur imagine une réunion-téléphone, dans son roman *Les Cinq Millions de la Bégum* :
« *Je vais immédiatement convoquer le Conseil* », *dit le docteur Sarrasin.*
[...] dans son cabinet de travail [...], au-dessous de quelques tableaux et d'objets d'art [se trouvait] une rangée de pavillons numérotés, pareils à des cornets acoustiques.
« Grâce au téléphone, dit-il, nous pouvons tenir conseil à France-Ville en restant chez soi. »
Le docteur toucha un timbre avertisseur, qui communiqua instantanément son appel au logis de tous les membres du Conseil. En moins de trois minutes, le mot « présent! », apporté successivement par chaque fil de communication, annonça que le Conseil était en séance. Le docteur se plaça alors devant le pavillon de son appareil expéditeur et dit : « La séance est ouverte... »
En 1989, près de 30 000 réunions-téléphone se sont tenues, chacune rassemblant en moyenne 7 à 8 personnes pendant une heure.

Même si les moyens de télécommunication modernes sont le « nerf » le plus sérieux qui soit de toutes les entreprises, photographes et dessinateurs savent leur faire un clin d'œil humoristique!

A plusieurs sur la ligne...

Mais comment faire lorsqu'il faut discuter à plusieurs pour que chacun puisse, sur-le-champ, donner son avis? La solution existe : c'est la réunion-téléphone. La veille ou même deux heures avant le début de la rencontre, l'organisateur réserve un numéro téléphonique d'appel confidentiel, qu'il communique aux participants. A l'heure dite, tous composent le numéro secret depuis leur bureau, leur voiture, leur maison ou une cabine publique. Vingt personnes peuvent ainsi discuter ensemble. Il est également possible de se « réunir » par écran de télévision interposé, même d'un pays à l'autre. On organise pour cela une visio-conférence. Ce système permet de se

Les « grands patrons » économisent désormais du temps et de l'argent grâce aux réunions-téléphone et aux visioconférences (ci-dessous).

... à plusieurs sur l'écran

voir et de montrer des documents, des plans, des photos, à des milliers de kilomètres de distance, *via* les câbles optiques ou les satellites. Ces « rencontres » rapides et discrètes (à l'abri des regards des concurrents trop curieux!) se déroulent à partir de quelques studios vidéo spécialisés. C'est économique : plus besoin de payer des billets d'avion et des chambres d'hôtel à Tokyo, Rome, Paris ou New York! Avec les techniques modernes des télécommunications, les PDG (les « grands patrons ») ont l'embarras du choix!

Qu'imagine-t-on dans les laboratoires des télécommunications?

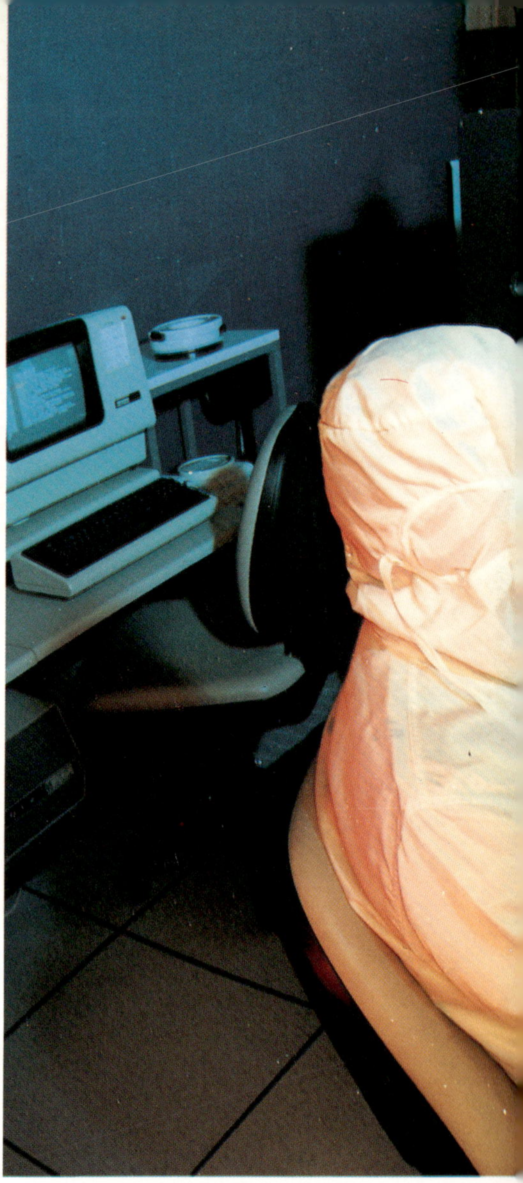

SCIENCE OU SCIENCE-FICTION?

Il était une fois un dénommé Albert Robida... Cet homme à l'imagination délirante est l'auteur de gravures de science-fiction sur lesquelles on voit un étrange appareil, le téléphonoscope ; face à cette merveilleuse « invention », d'élégantes dames font leurs achats par téléphone, en choisissant les produits sur un écran. C'était en 1882 et ce rêve romanesque annonçait à la fois le Minitel et le visiophone! Les chercheurs du CNET connaissaient-ils Robida?...

Des millions et des millions d'informations chiffrées circulent à la vitesse de la lumière le long des routes et dans les dédales des caves et des cages d'escaliers, de fils en câbles, de cartes électroniques en ondes électromagnétiques. Dans les centres spécialisés, images, données, textes, conversations arrivent et repartent. Tout cela, à présent, vous le savez. Mais avant de refermer ce livre, soyez encore un peu curieux! Poussez la porte des salles encombrées d'écrans, de fils électriques et de tableaux de contrôle. Entrez à pas feutrés et regardez travailler ces centaines de chercheurs, d'ingénieurs, de techniciens qui, jour après jour, à Paris, Lannion, Rennes, Grenoble, Caen font de nos rêves de communication une réalité...

Bientôt, le visiophone fera son apparition dans les entreprises et les foyers...

Un avenir d'avance...

En France, les télécommunications du futur naissent le plus souvent au Centre National d'Études des Télécommunications, le CNET. C'est ici que des hommes, des femmes ont inventé les commutateurs électroniques, mis en œuvre la fibre optique, imaginé des satellites, conçu de nouveaux réseaux de transmission. Les câbles sous-marins modernes et les bornes-radio qui repèrent voitures, trains ou promeneurs équipés d'un téléphone mobile, ce sont eux qui les ont créés; Numéris ou la TVHD sont aussi passés entre leurs mains. Et, parmi d'autres inventions, ils nous ont déjà préparé le visiophone : un téléphone où l'on verra en direct son correspondant sur un petit écran! Mais encore un peu de patience, avant de le voir dans chaque maison...

Ainsi travaillent les chercheurs

Pour mettre au point chaque appareil, tout doit être réfléchi, essayé, corrigé mille fois. Cependant, il arrive qu'un chercheur ne sache pas exactement à quoi servira ce qu'il étudie. Par exemple, ceux qui ont observé les premiers la circulation de la lumière le long d'un fil de verre savaient-ils qu'ils inventaient là les extraordinaires fibres porteuses de 30 canaux de télévision? Au début, certainement pas! Imaginer sans cesse, se questionner sur tout : c'est cela la recherche.

Malgré le silence qui règne dans les laboratoires, ne croyez pas que chacun travaille dans son coin; au contraire, les spécialistes des télécommunications du monde entier se retrouvent régulièrement dans des réunions où ils exposent leurs résultats, et les équipes de plusieurs pays se partagent le travail.

Ainsi sont nées les télécommunications de l'an 2000 qui, sans se montrer, vous font dès aujourd'hui suivre un rallye au cœur du Sahara, descendre les pistes des Jeux Olympiques d'hiver, ou encore converser avec un parent, un ami, parti de l'autre côté de la Terre...

Dans les laboratoires du CNET, les ingénieurs mettent au point les appareils de demain. Les essais les plus délicats doivent être effectués à l'abri de toutes poussières.

INDEX DES TÉLÉCOMMUNICATIONS